大方廣佛華嚴經

## 일러두기

1. 『대방광불화엄경 강설』 원문原文의 저본底本은 근세에 교정이 가장 잘 되었다고 정평이 나 있는 대만臺灣의 불타교육기금회佛陀敎育基金會에서 출판한 『화엄경소초華嚴經疏鈔』본입니다.

2. 『대방광불화엄경 강설』은 실차난타實叉難陀가 695년부터 699년까지 4년에 걸쳐 번역해 낸 80권본卷本 『대방광불화엄경』을 우리말로 옮기고 강설을 붙인 것입니다.

3. 『대방광불화엄경』은 애초 산스크리트에서 한역漢譯된 경전이지만 현재 산스크리트 본은 소실된 상태입니다. 산스크리트를 음차한 경우 굳이 원래 소리를 표기하려고 하기보다는 『표준국어대사전』이나 『불교사전』 등에 등재된 한자음을 사용하는 것을 원칙으로 하였습니다.

4. 경문의 한글 번역은 동국역경원본을 참고하여 그대로 또는 첨삭을 하며 의미대로 번역하고 다듬었습니다.

5. 각 품마다 내용에 따라 단락을 나누고 제목을 달았습니다. 단락의 제목은 주로 청량淸凉스님의 견해에 기초하였고 이통현李通玄장자의 견해를 참고로 하였습니다.

6. 『대방광불화엄경 강설』의 발행 순서는 한역 경전의 편재 순서를 기준으로 하였고 각 권은 단행본 한 권씩으로 출간될 예정이며 모두 80권으로 완간됩니다. 다만 80권본에 빠져 있는 「보현행원품」은 80권본 완역 및 강설 후 시리즈에 포함돼 추가될 예정입니다.

7. 『대방광불화엄경 강설』 안에서 불교용어를 풀이한 것은 운허스님이 저술하고 동국역경원에서 편찬한 『불교사전』을 인용하였습니다.

8. 각주의 청량스님의 소疏는 대만에서 입력한 大方廣佛華嚴經 사이트의 것을 사용하였습니다.

9. 『대방광불화엄경 강설』 입법계품에 들어가는 문수지남도는 북송北宋시대 불국佛國 선사가 선재동자가 53명의 선지식을 친견하여 법을 구하는 장면을 하나하나 그림으로 그린 것입니다.

# 대방광불화엄경 강설
# 제 36 권

## 二十六. 십지품+地品 3

실차난타實叉難陀 한역
무비스님 강설

# 서문

보살이 이미 제3지를 잘 다스리고
중생계와 세계와 모든 법계와
허공계와 식계識界와 삼계를 살펴보고
마음이 열리어 다 알아 능히 나아가리라.


염혜지焰慧地에 처음 올라 세력이 늘어
여래의 가문에 태어나 길이 퇴전치 않고
불법승을 믿어서 무너지지 않아
법의 무상과 일어나지 않음을 관하느니라.


세상이 성괴成壞하고 업으로 일어남과
생사와 열반과 국토와 업을 관하여
앞세상과 뒷세상을 관하되 관함까지 다하여
이와 같이 수행하여 부처님의 집에 태어나느니라.

이러한 법을 얻고 자비가 증장하여

네 가지 생각하는 곳[四念處]을 더욱 닦으며

몸과 받음과 마음과 법의 안팎을 관찰하여

세간의 탐심과 애정을 모두 멸하도다.


네 가지 부지런함[四正勤]을 보살이 닦아

나쁜 법은 없어지고 선善이 증장해서

4신족神足과 5근根과 5력力을 모두 닦으며

7각분覺分과 8정도正道도 이와 같이 닦도다.


2016년 1월 15일

신라 화엄종찰 금정산 범어사

如天 無比

# 대방광불화엄경 목차

# 대방광불화엄경 강설 제36권

## 二十六. 십지품十地品 3

### 정종분正宗分

# 대방광불화엄경 강설

제36권

二十六. 십지품 3

# 4. 제4 염혜지焰慧地를 설하다

## 1) 제3지 법문을 찬탄하다

불 자 문 차 광 대 행
**佛子聞此廣大行**의

가 락 심 묘 수 승 법
**可樂深妙殊勝法**하고

심 개 용 열 대 환 희
**心皆勇悅大歡喜**하야

보 산 중 화 공 양 불
**普散衆華供養佛**이로다

불자가 이처럼 광대한 수행의

즐겁고 깊고 미묘하고 수승한 법을 듣고

마음이 모두 용맹하고 기쁘고 크게 환희해서

여러 가지 꽃을 흩어 부처님께 공양하도다.

제3 발광지의 법문이 끝나고 제4 염혜지의 법문이 시작되었다. 청량스님은 소疏에서 "경문을 바로 해석하는데 경문을 역시 세 부분으로 나눈다. 첫째는 제3지를 찬탄하고 제4지를 청하였고, 둘째는 제4지를 바로 설하였고, 셋째는 거듭 게송으로 밝히는 부분이다. 먼저 제3지를 찬탄하고 제4지를 청하는 여섯 게송을 둘로 나눈다. 처음 두 게송 반은 경을 결집한 사람의 서술이다."[1]라고 하였다.

연 설 여 시 묘 법 시
**演說如是妙法時**에

대 지 해 수 개 진 동
**大地海水皆震動**하니

일 체 천 녀 함 환 희
**一切天女咸歡喜**하야

실 토 묘 음 동 찬 탄
**悉吐妙音同讚歎**이로다

이와 같은 묘한 법을 연설할 때에
대지大地와 바닷물이 다 진동하고
일체의 천녀들이 모두 즐거워서
아름다운 음성으로 찬탄하도다.

다시 또 청량스님은 소疏에서 "제3지의 미묘한 법문을 연설할 때에 대지大地와 바닷물이 다 진동하였다는 것은 번뇌

---

1) 正釋文, 文亦三分：壹, 讚請. 貳, 正說. 參, 重頌. 壹, 讚請：六偈分二：初二偈半集經者序述.

무명의 두꺼운 땅이 기울고 큰 애착의 바닷물이 다하였다는 것을 표하였기 때문에 이와 같이 설한 것이다."[2]라고 하였다.


자재천왕대흔경    우마니보공양불
**自在天王大欣慶**하야    **雨摩尼寶供養佛**이로다

자재천궁自在天宮 임금도 크게 기뻐하여
마니보석 비 오듯 내려 부처님께 공양하도다.


경을 결집한 사람의 서술은 여기까지다. 제3지의 법문을 설하고 나니 모든 불자들이 즐겁고 깊고 미묘하고 수승한 법을 듣고는 마음이 모두 용맹하여지고 또 기쁘고 크게 환희해서 여러 가지 꽃을 흩어 부처님께 공양하였다. 예나 지금이나 꽃을 공양하는 것은 가장 아름다운 공양이다. 마음이 꽃과 같이 아름답고 향기로워졌다는 뜻이다. 또 번뇌무명의 두꺼운 땅은 기울고 애착의 바닷물은 다하였다. 그리

---

2) 地海動者, 表無明厚地, 大愛海水, 可傾竭故.

고 모든 하늘의 여인들이 아름다운 노래를 부르고 자재천왕
은 크게 기뻐하여 마니보석을 마치 하늘에서 폭우가 쏟아지
듯이 한껏 흩어서 부처님께 공양하였다.


## 2) 제4지 법문을 청하다


찬 언 불 위 아 출 홍
**讚言佛爲我出興**하사

연 설 제 일 공 덕 행
**演說第一功德行**이로다

찬탄하기를, 부처님이 저를 위해 출현하시어

제일가는 공덕행을 연설하도다.


　청량스님은 소에서 "뒤의 세 게송 반은 곧장 찬탄하여 청
하는 내용이다. 그 가운데 처음 두 게송 반은 천왕이 법을
청하는 내용이고 뒤의 한 게송은 대중들 중에 상수 보살이
법을 청하는 내용이다."[3]라고 하였다. 천왕이 찬탄하기를
"부처님이 저를 위하여 출현하셨으며 또 저를 위하여 세상에

---

3) 後三偈半正明讚請, 於中初二偈半天王請, 後一眾首請.

서 제일가는 공덕의 행을 연설하셨다."고 하였다. 실로 부처님의 팔만사천 법문은 낱낱이 중생 한 사람 한 사람을 위해서 설한 것이다. 그래서 듣는 사람은 다 자기를 위한 설법이라고 생각한다. 간혹 법문을 하고 나면 오늘의 법문은 자기를 위해 설한 것이라고 말하는 사람이 있다.

여 시 지 자 제 지 의
**如是智者諸地義**가

어 백 천 겁 심 난 득
**於百千劫甚難得**이어늘

아 금 홀 연 이 득 문
**我今忽然而得聞**

보 살 승 행 묘 법 음
**菩薩勝行妙法音**이로다

이와 같은 지혜 있는 분의 모든 지위의 뜻
백천겁에 듣기가 매우 어렵거늘
보살의 거룩한 행 미묘한 법문을
제가 지금 홀연히 들었습니다.

역시 자재천왕의 찬탄이다. 경전을 읽기 전에 반드시 외우는 게송이 있다. 그것을 '경전을 펼치는 게송[開經偈]'이라 한다. "가장 높고 심히 깊은 미묘한 법문 백천만겁에도 만나기 어려

워라. 제가 이제 듣고 보고 받아 지니니 여래의 진실한 뜻 알기를 원합니다."[4] 자재천왕의 게송이 곧 그와 같은 뜻이다.


원 갱 연 설 총 혜 자 　　후 지 결 정 무 여 도
**願更演說聰慧者**의 　　**後地決定無餘道**하사

이 익 일 체 제 천 인 　　차 제 불 자 개 락 문
**利益一切諸天人**하소서 　　**此諸佛子皆樂聞**하나이다

바라건대 총명한 이는 다음 지위의
결정한 뜻 남김 없이 연설하시어
일체 천신과 인간에게 이익 주소서.
이 모든 불자들이 듣기를 원하옵니다.


천왕이 일체 천신과 인간들을 이익하게 하기 위하여 금강장보살을 찬탄하며 다음의 법문을 설해 주실 것을 청하였다.

---

4) 無上甚深微妙法 百千萬劫難遭遇 我今聞見得受持 願解如來眞實意.

용 맹 대 심 해 탈 월     청 금 강 장 언 불 자
**勇猛大心解脫月**이    **請金剛藏言佛子**야

종 차 전 입 제 사 지     소 유 행 상 원 선 설
**從此轉入第四地**하는    **所有行相願宣說**하소서

용맹하고 큰 마음의 해탈월보살이

금강장보살에게 간청하는 말,

"불자여, 여기서 제4지에 들어가려면

그 행상行相 어떠한지 말씀하소서."


이 한 게송은 해탈월보살이 모든 대중을 대신해서 금강
장보살에게 다음의 제4지 법문을 설해 주실 것을 청하는 내
용이다. "용맹하고 큰 마음의 해탈월보살"이라고 하였다.
법을 청하는 데는 참으로 용기가 있어야 한다. 또 화엄경의
법문을 듣는 중생을 곧 대심중생大心衆生이라고 하였듯이 여
기서는 큰 마음의 보살이라고 하였다. 한 구절 한 구절이 모
두 의미가 심장하다. 십지법문은 먼저 아름다운 게송이 있
은 뒤에 비로소 장문의 본 내용이 등장한다. 매우 의도적으
로 결집한 것임을 알 수 있다.

## 3) 제4지에 들어가는 십법명문+法明門

이시　　금강장보살　　고해탈월보살언
爾時에 金剛藏菩薩이 告解脫月菩薩言하사대

불자　보살마하살　제삼지　선청정이　욕입
佛子야 菩薩摩訶薩이 第三地가 善淸淨已에 欲入

제사염혜지　　당수행십법명문　　하등　위십
第四焰慧地인댄 當修行十法明門이니 何等이 爲十고

소위관찰중생계　　관찰법계　　관찰세계　　관찰
所謂觀察衆生界와 觀察法界와 觀察世界와 觀察

허공계　관찰식계　관찰욕계　관찰색계　관
虛空界와 觀察識界와 觀察欲界와 觀察色界와 觀

찰무색계　관찰광심신해계　관찰대심신해
察無色界와 觀察廣心信解界와 觀察大心信解

계　보살　이차십법명문　　득입제사염혜지
界니 菩薩이 以此十法明門으로 得入第四焰慧地니라

　그때에 금강장보살이 해탈월보살에게 말하였습니
다. "불자여, 보살마하살이 제3지를 이미 청정하게 닦
고 제4 염혜지焰慧地에 들어가려면 열 가지 법에 밝은
문[法明門]을 수행해야 하느니라. 무엇이 열 가지인가.

이른바 중생계를 관찰하고, 법계를 관찰하고, 세계를 관찰하고, 허공계를 관찰하고, 식계識界를 관찰하고, 욕계를 관찰하고, 색계를 관찰하고, 무색계를 관찰하고, 넓은 마음으로 믿고 아는 계를 관찰하고, 큰 마음으로 믿고 이해하는 계를 관찰하는 것이니라. 보살이 이 열 가지 법에 밝은 문으로 제4 염혜지에 들어가느니라."

염혜지焰慧地란 처음 깨달음의 지혜에 들어가서 앞의 지위에서 법을 아는 데서 생기는 교만의 섶나무를 태워 버리는 지혜의 지위라는 뜻이다. 이와 같은 지위에 들어가려면 열 가지 법에 밝은 문을 수행하여야 한다. 그것은 중생이 근본이 되어 온갖 의보依報와 정보正報와 염오의 경계와 청정한 경계 등을 관찰하는 것이다. 이러한 관찰들이 제4 염혜지에 들어가는 열 가지 법에 밝은 문[法明門]이다.

## 4) 여래의 집에 태어나는 열 가지 지혜로써 성숙하는 법

불자　보살　주차염혜지　즉능이십종지성
**佛子**야 **菩薩**이 **住此焰慧地**에 **則能以十種智成**

숙법고　득피내법　생여래가
**熟法故**로 **得彼內法**하야 **生如來家**하나니

"불자여, 보살이 이 염혜지에 머물면 능히 열 가지
지혜로써 성숙하는 법으로 저 내법內法을 얻고 여래의
가문에 태어나느니라."

여래의 가문에 태어나서 영원히 불자가 되고자 한다면 열
가지 지혜로 성숙하는 법을 얻어야 한다. 흔히 불법을 배워
법으로 여래의 가문에 새롭게 태어나는 것을 진정한 불자라
고 한다. 그렇게 되려면 다음의 열 가지 지혜로써 성숙하는
법을 얻어야 함을 밝혔다.

하등　위십　소위심심불퇴고　어삼보중
**何等**이 **爲十**고 **所謂深心不退故**며 **於三寶中**에

생 정 신　　필 경 불 괴 고
**生淨信**하야 **畢竟不壞故**며

"무엇을 열 가지라 하는가. 이른바 깊은 마음이 물러나지 않는 연고며, 삼보에 청정한 신심을 내어 끝까지 무너지지 않는 연고이니라."

먼저 깊은 마음이 꾸준해서 결코 물러나지 않아야 하며, 부처님과 부처님의 가르침과 그 가르침을 믿고 따르는 승가에 대한 청정한 믿음을 내어 끝까지 변함이 없어야 한다. 실은 이 문제만도 마음이 조석으로 바뀌는 중생들에게는 쉬운 일이 아니다.

관 제 행 생 멸 고　　관 제 법 자 성 무 생 고
**觀諸行生滅故**며 **觀諸法自性無生故**며

"모든 행이 생멸함을 관찰하는 연고며, 모든 법의 자성이 생기지 아니함을 관찰하는 연고이니라."

제법의 진여자성은 본래 생멸이 없지만 밖으로 드러난 제

행은 무상하여 순간순간 생멸하고 변화한다. 이 두 가지 면을 세밀하게 관찰하여 존재의 실상을 꿰뚫고 있어야 한다. 불교를 이해하는 기본이다.

관 세 간 성 괴 고
**觀世間成壞故**며

"세간이 이루어지고 무너지는 것을 관찰하는 연고이니라."

세간은 성주괴공하고, 계절은 춘하추동으로 변하고, 생명은 생로병사하고, 일체 존재는 생주이멸한다. 이러한 사실을 깊이 관찰하는 일도 불법을 알아 여래가에 태어나는 지혜 성숙의 법이다.

관 인 업 유 생 고    관 생 사 열 반 고
**觀因業有生故**며 **觀生死涅槃故**며

"업으로 인하여 생生이 있음을 관찰하는 연고며, 생

사와 열반을 관찰하는 연고이니라."

생명은 모두 업을 인해서 태어난다. 생명들이 낱낱이 다른 것은 업이 각각 다르기 때문이라는 사실을 관찰해야 하고, 또 생사와 열반이 다르면서 다른 가운데 하나라는 사실을 관찰해야 한다.

관 중 생 국 토 업 고
**觀衆生國土業故**며

"중생의 국토에 대한 업을 관찰하는 연고이니라."

중생이 그 국토에 태어나 살아가는 것은 그 업을 인하여 그와 같은 결과가 있음을 관찰해야 한다.

관 전 제 후 제 고　관 무 소 유 진 고　　시 위 십
**觀前際後際故**며 **觀無所有盡故**니 **是爲十**이니라

"지나간 세월과 오는 세월을 관찰하는 연고며, 아무

것도 다할 것이 없음을 관찰하는 연고이니, 이것이 열이니라."

　모든 공간성을 관찰하여 알듯이 일체 시간성도 관찰하여 알아야 하며, 일체 존재가 또한 다함이 없음을 관찰하여 알아야 한다. 이것이 열 가지 지혜로써 성숙하는 법이다.

## 5) 염혜지에서 수행하는 37조도품助道品

### (1) 사념처四念處

불자 　보살 　주차제사지 　관내신 　　순신
佛子야 菩薩이 住此第四地에 觀內身호대 循身

관 　근용염지 　제세간탐우 　관외신 　순
觀하야 勤勇念知하야 除世間貪憂하고 觀外身호대 循

신관 　근용염지 　제세간탐우 　　관내외신
身觀하야 勤勇念知하야 除世間貪憂하고 觀內外身

　순신관 　　근용염지 　　제세간탐우
호대 循身觀하야 勤勇念知하야 除世間貪憂하며

"불자여, 보살이 제4지에 머물러서는 안의 몸[內身]을 관觀하되 몸을 두루 따라 관찰하며, 부지런하고 용맹하게 생각하고 알아서 세간의 탐욕과 근심을 없애느니라. 바깥 몸[外身]을 관하되 몸을 두루 따라 관찰하며, 부지런하고 용맹하게 생각하고 알아서 세간의 탐욕과 근심을 없애느니라. 안팎의 몸을 관하되 몸을 두루 따라 관찰하며, 부지런하고 용맹하게 생각하고 알아서 세간의 탐욕과 근심을 없애느니라."

37조도품助道品을 수행하는데 먼저 사념처四念處를 관한다. 사전적인 해석으로 "사념처란 신역新譯은 사념주四念住라 한다. 소승의 수행자가 3현위賢位에서 5정심관停心觀 다음에 닦는 관觀이다. 신념처身念處, 수념처受念處, 심념처心念處, 법념처法念處이다. 신념처는 부모에게 받은 육신이 부정하다고 관하는 것이다. 수념처는 우리의 마음에 낙이라고 하는 음행이나 자녀나 재물 등을 보고 낙이라 하는 것은 참다운 낙이 아니고 모두 고통이라고 관하는 것이다. 심념처는 우리의 마음은 항상 그대로 있는 것이 아니고 늘 변화하고 생멸하는 무상한 것이라고 관하는 것이다. 법념처는 위의 셋을

대방광불화엄경 강설

제하고 다른 만유에 대하여 실로 자아自我인 실체實體가 없으며 또 나에게 속한 모든 물건을 나의 소유물이라고 하는데 대해서도 모두 일정한 소유자所有者가 없다고 무아관無我觀을 하는 것이다. 이 사념처관을 신身, 수受, 심心, 법法의 순서로 따로따로 관하는 것을 별상념처관別相念處觀이라 하고 총합하여 관하는 것을 총상념처관總相念處觀이라 한다."고 하였다.

<br>

여시관 내수 외수 내외수　순수관　관내심
如是觀內受外受內外受호대 循受觀하며 觀內心

외심 내외심　순심관　관내법외법내외법
外心內外心호대 循心觀하며 觀內法外法內外法

순법관　근용염지　제세간탐우
호대 循法觀하야 勤勇念知하야 除世間貪憂니라

"이와 같이 안으로 받아들이고[內受] 밖으로 받아들이고[外受] 안팎으로 받아들임을 관하되 받아들임을 두루 따라 관찰하며, 안 마음과 바깥 마음과 안팎의 마음을 관하되 마음을 두루 따라 관찰하며, 안 법과 바깥 법과

안팎의 법을 관하되 법을 두루 따라 관찰하며, 부지런
하고 용맹하게 생각하고 알아서 세간의 탐욕과 근심을
없애느니라."

수념처受念處와 심념처心念處와 법념처法念處를 관하는 것도
신념처를 관하는 것과 동일하므로 간략히 설명하였다.


## (2) 사정근四正勤

부차차보살　미생제악불선법　위불생고
復次此菩薩이 未生諸惡不善法을 爲不生故로

욕생　근정진　발심정단　이생제악불선
欲生을 勤精進하야 發心正斷하며 已生諸惡不善

법　위단고　욕생　근정진　발심정단　미
法을 爲斷故로 欲生을 勤精進하야 發心正斷하며 未

생제선법　위생고　욕생　근정진　발심정
生諸善法을 爲生故로 欲生을 勤精進하야 發心正

행　이생제선법　위주불실고　수령증광고
行하며 已生諸善法을 爲住不失故며 修令增廣故로

욕 생  근 정 진   발 심 정 행
欲生을 勤精進하야 發心正行이니라

"또다시 이 보살이 아직 생기지 않은 모든 악하고 선하지 못한 법은 생기지 못하게 하려고 생기고자 하는 것을 부지런히 정진하여 마음을 내어 바로 끊으며, 이미 생긴 모든 악하고 선하지 못한 법은 끊으려고 생기고자 하는 것을 부지런히 정진하여 마음을 내어 바로 끊으며, 아직 생기지 않은 모든 선한 법은 생기게 하려고 생기고자 하는 것을 부지런히 정진하여 마음을 내어 바로 행하며, 이미 생긴 모든 선한 법은 잃지 않으려 하며 닦아서 더욱 증대하게 하려고 생기고자 하는 것을 부지런히 정진하여 마음을 내어 바로 행하느니라."

역시 사전적인 해석에 의하면 "사정근은 사정단四正斷, 사정승四正勝, 사의단四意端, 사의단四意斷이라고도 한다. 열반에 나아가기 위하여 수행함에 37류類가 있는 중에 사념처四念處 다음에 닦는 법이다. 선법善法을 더욱 자라게 하고 악법惡法은 멀리 여의려고 부지런히 수행하는 네 가지 법으로서 이미 생긴 악은 없애려고 부지런히 정진하고, 아직 생기지 않은 악은 미리 방지하려고 부지런히 정진하고, 이미 생긴 선은 더욱 자라게 하려고 부지런히 정진하고, 아직 생기지 않은 선은 생기도록 부지런히 정진하는 것이다."라고 하였다.


## (3) 사신족四神足

부 차 차 보 살　　수 행 욕 정　　단 행　　　성 취 신 족
**復次此菩薩**이 **修行欲定**에 **斷行**하야 **成就神足**

　의 지 염　　　의 지 리　　　의 지 멸　　　회 향 어 사
하야 **依止厭**하며 **依止離**하며 **依止滅**하며 **廻向於捨**하고

수 행 정 진 정　　심 정　　관 정　　단 행　　　성 취 신 족
**修行精進定**과 **心定**과 **觀定**에 **斷行**하야 **成就神足**하야

의 지 염　　　　의 지 리　　　의 지 멸　　　회 향 어 사
**依止厭**하며 **依止離**하며 **依止滅**하며 **廻向於捨**니라

"다시 또 이 보살이 하려는 정력[欲定]으로 끊는 행을 수행하여 신족통神足通을 성취하고, 싫어함을 의지하고 떠남을 의지하고 멸함을 의지하여 버리는 데로 회향하느니라. 정진하는 정력과 마음의 정력과 관하는 정력으로 끊는 행을 수행하여 신족통을 성취하고, 싫어함을 의지하고 떠남을 의지하고 멸함을 의지하여 버리는 데

로 회향하느니라."

사신족四神足 역시 사전적인 해석으로 정리하면 "사여의분四如意分 또는 사여의족四如意足이라고도 한다. 여의는 뜻대로 자유자재한 신통이며, 족은 신통이 일어나는 각족脚足이 되는 뜻으로 여의족이라 한다. 이 정定을 얻는 수단에 욕欲과 정진精進과 심心과 사유思惟의 넷이 있으므로 일어나는 원인에 의하여 정定을 나눈다."라고 하였다.

### (4) 오근五根

부차차 보살이 수행신근하야 의지염하며 의지
復次此菩薩이 修行信根하야 依止厭하며 依止

리하며 의지멸하며 회향어사하고 수행정진근과 염
離하며 依止滅하며 廻向於捨하고 修行精進根과 念

근과 정근과 혜근하야 의지염하며 의지리하며 의지
根과 定根과 慧根하야 依止厭하며 依止離하며 依止

멸하며 회향어사니라
滅하며 廻向於捨니라

"다시 또 이 보살이 믿는 근根을 수행하되, 싫어함을 의지하고 떠남을 의지하고 멸함을 의지하여 버리는 데로 회향하느니라. 정진하는 근과 생각하는 근과 선정의 근과 지혜의 근을 수행하되, 싫어함을 의지하고 떠남을 의지하고 멸함을 의지하여 버리는 데로 회향하느니라."

오근五根도 사전적인 해석으로 정리하면 "오력五力이라고도 하는데 보리에 도달하기 위한 향상기관向上機關의 방법으로 유력한 5종을 말한다. 신근信根과 진근進根과 염근念根과 정근定根과 혜근慧根이다."라고 하였다.

## (5) 오력五力

부차차 보살   수행신력      의지염      의지
復次此菩薩이 修行信力하야 依止厭하며 依止

리      의지멸    회향어사    수행정진력   염
離하며 依止滅하며 廻向於捨하고 修行精進力과 念

력   정력    혜력      의지염      의지리     의지
力과 定力과 慧力하야 依止厭하며 依止離하며 依止

멸         회향 어 사
**滅**하며 **廻向於捨**니라

"다시 또 이 보살이 믿는 힘을 수행하되, 싫어함을
의지하고 떠남을 의지하고 멸함을 의지하여 버리는 데
로 회향하느니라. 정진하는 힘과 생각하는 힘과 선정의
힘과 지혜의 힘을 수행하되, 싫어함을 의지하고 떠남을
의지하고 멸함을 의지하여 버리는 데로 회향하느니라."

오력五力도 사전적인 해석으로 정리하면 "불교에 대한 실
천 방면의 기초적 덕목이 되는 5종을 말한다. 신력信力은 불
법을 믿고 다른 것을 믿지 않는 것이며, 진력進力은 선을 짓
고 악을 폐하기를 부지런히 하는 것이며, 염력念力은 사상을
바로 가지고 삿된 생각을 버리는 것이며, 정력定力은 선정禪
定을 닦아 어지러운 생각을 없게 하는 것이며, 혜력慧力은 지
혜를 닦아 불교의 진리인 4제諦를 깨닫는 것이다."라고 하
였다.

(6) 칠각지七覺支

부 차 차 보 살　　 수 행 염 각 분　　　 의 지 염　　　 의 지
復次此菩薩이 修行念覺分하야 依止厭하며 依止

리　　　 의 지 멸　　　 회 향 어 사　　　 수 행 택 법 각 분
離하며 依止滅하며 廻向於捨하고 修行擇法覺分과

정 진 각 분　　　 희 각 분　　　 의 각 분　　　 정 각 분　　　 사 각 분
精進覺分과 喜覺分과 猗覺分과 定覺分과 捨覺分

　　　 의 지 염　　　　 의 지 리　　　　 의 지 멸　　　　 회 향 어 사
하야 依止厭하며 依止離하며 依止滅하며 廻向於捨니라

"다시 또 이 보살이 생각하는 각의 부분[念覺分]을 수
행하되, 싫어함을 의지하고 떠남을 의지하고 멸함을 의
지하여 버리는 데로 회향하느니라. 법을 선택하는[擇法]
각의 부분과 정진하는 각의 부분과 기뻐하는 각의 부분
과 가뿐한[猗] 각의 부분과 선정인 각의 부분과 버리는
[捨] 각의 부분을 수행하되, 싫어함을 의지하고 떠남을
의지하고 멸함을 의지하여 버리는 데로 회향하느니라."

역시 사전적 해석으로는 "칠각지란 열반에 이르기 위하여
닦는 37가지 도행道行 가운데 제6이다. 칠보리분七菩提分, 칠각
분七覺分, 칠각의七覺意, 칠각七覺이라고도 한다. 불도를 수행

하는데 지혜로써 참되고 거짓되고 선하고 악한 것을 살펴서 골라내고 알아차리는 데 7종이 있다. ① 택법각분擇法覺分은 지혜로 모든 법을 살펴서 선한 것은 골라내고 악한 것은 버리는 것이며 ② 정진각분精進覺分은 여러 가지 수행을 할 때에 쓸데없는 고행은 그만두고 바른 도에 전력하여 게으르지 않는 것이며 ③ 희각분喜覺分은 참된 법을 얻어서 기뻐하는 것이며 ④ 제각분除覺分은 그릇된 견해나 번뇌를 끊어 버릴 때에 능히 참되고 거짓됨을 알아서 올바른 선근을 기르는 것이며 ⑤ 사각분捨覺分은 바깥 경계에 집착하던 마음을 여읠 때 거짓되고 참되지 못한 것을 기억하는 마음을 버리는 것이며 ⑥ 정각분定覺分은 정에 들어서 번뇌 망상을 일으키지 않는 것이며 ⑦ 염각분念覺分은 불도를 수행함에 있어서 잘 생각하여 정定과 혜慧를 고르게 하는 것이다. 만일 마음이 혼침하면 택법각분과 정진각분과 희각분으로 마음을 일깨우고, 마음이 들떠서 흔들리면 제각분과 사각분과 정각분으로 마음을 고요하게 한다."라고 하였다.

### (7) 팔정도八正道

부차차보살　수행정견　　의지염　　의지
**復次此菩薩**이 **修行正見**하야 **依止厭**하며 **依止**

리　　의지멸　　회향어사　　수행정사유　정
**離**하며 **依止滅**하며 **廻向於捨**하고 **修行正思惟**와 **正**

어　정업　정명　정정진　정념　정정　　의
**語**와 **正業**과 **正命**과 **正精進**과 **正念**과 **正定**하야 **依**

지염　　의지리　　의지멸　　회향어사
**止厭**하며 **依止離**하며 **依止滅**하며 **廻向於捨**니라

"다시 또 이 보살이 바른 소견[正見]을 수행하되, 싫어함을 의지하고 떠남을 의지하고 멸함을 의지하여 버리는 데로 회향하느니라. 바르게 생각함[正思惟]과 바른 말[正語]과 바른 업[正業]과 바른 생명[正命]과 바른 정진[正精進]과 바른 생각[正念]과 바른 선정[正定]을 수행하되, 싫어함을 의지하고 떠남을 의지하고 멸함을 의지하여 버리는 데로 회향하느니라."

팔정도八正道의 사전적 해석으로는 "팔성도지八聖道支, 팔정도분八正道分이라고도 한다. 불교의 실천 수행하는 중요한 종목을 8종으로 나눈 것이다. 이것이 중정中正 또는 중도中道

의 완전한 수행법이므로 정도, 성인의 도이므로 성도라 하고 또 8종으로 나누었으므로 지支 또는 분分이라 한다. 정견正見, 정사유正思惟, 정어正語, 정업正業, 정명正命, 정정진正精進, 정념正念, 정정正定의 중정·중도의 완전한 수행법이다. 부처님이 최초의 설법에서 설하셨으며 4제, 12인연과 함께 불교의 원시적 근본 교의다."라고 하였다.


## 6) 37조도품을 수행하는 열 가지 이유

<br>

보살　수행여시공덕　위불사일체중생고
菩薩이 修行如是功德은 爲不捨一切衆生故며

본원소지고　대비위수고　대자성취고　사념
本願所持故며 大悲爲首故며 大慈成就故며 思念

일체지지고　성취장엄불토고
一切智智故며 成就莊嚴佛土故며

"보살이 이와 같은 공덕을 수행함은 일체 중생을 버리지 않으려는 연고며, 본래의 서원을 지니려는 연고며, 대비大悲가 으뜸이 된 연고며, 대자大慈로 성취한 연고며, 일체 지혜의 지혜를 생각하는 연고며, 장엄한 불국토를 성취하는 연고이니라."

그동안 앞에서 열반의 이상경理想境에 나아가기 위하여 닦는 도행道行의 종류인 사념처四念處와 사정근四正勤과 사신족四神足과 오근五根과 오력五力과 칠각지七覺支와 팔정도八正道의 수행하는 법을 설하였다. 이것은 본래 근본불교 또는 초기불교에서 열반을 성취하기 위한 수행 방법이지만 화엄경에서는 일체 중생을 교화하고 성숙시키기 위한 대승보살의 입장에서 수행하는 것임을 밝혔다. 이와 같이 불교의 어떤 수행이든 화엄경의 견해로 해석하면 모두가 중생을 건지기 위한 보살행으로 해석된다. 그래서 "보살이 이와 같은 공덕을 수행함은 일체 중생을 버리지 않으려는 연고며, 본래의 서원을 지니려는 연고며, 대비가 으뜸이 된 연고며, 대자로 성취한 연고"라고 하였다.

성취여래력무소외 불공불법 상호음성
成就如來力無所畏와 不共佛法과 相好音聲이

실구족고　　구어상상수승도고　　수순소문심
**悉具足故**며 **求於上上殊勝道故**며 **隨順所聞甚**

심불해탈고　　사유대지신교방편고
**深佛解脫故**며 **思惟大智善巧方便故**니라

　　"여래의 힘과 두려움 없음과 함께하지 않는 부처님
의 법과 상호와 음성이 다 구족함을 성취하는 연고며,
높고 높은 수승한 도를 구하려는 연고며, 들은 바가 매
우 깊은 부처님의 해탈을 따르는 연고며, 큰 지혜와 공
교한 방편을 생각하는 연고이니라."

　　"여래의 힘"이란 부처님께만 있는 열 가지 심력心力으로서
① 처비처지력處非處智力 ② 업이숙지력業異熟智力 ③ 정려해탈
등지등지력靜慮解脫等持等至智力 ④ 근상하지력根上下智力 ⑤
종종승해지력種種勝解智力 ⑥ 종종계지력種種界智力 ⑦ 변취행지
력遍趣行智力 ⑧ 숙주수념지력宿住隨念智力 ⑨ 사생지력死生智力
⑩ 누진지력漏盡智力이다.

　　또 "두려움 없음"은 불보살이 설법할 적에 두려운 생각이
없는 지력智力의 네 가지이다. ① 정등각무외正等覺無畏는 일체
모든 법을 평등하게 깨달아서 다른 이의 힐난詰難을 두려워

하지 않는 것이고 ② 누영진무외漏永盡無畏는 온갖 번뇌를 다 끊었노라고 하여 외난外難을 두려워하지 않는 것이고 ③ 설장법무외說障法無畏는 보리를 장애하는 것을 말하되 악법惡法은 장애되는 것이라고 말해서 다른 이의 비난을 두려워하지 않는 것이고 ④ 설출도무외說出道無畏는 고통 세계를 벗어나는 요긴한 길을 표시해서 다른 이의 비난을 두려워하지 않는 것이다.

또 "함께하지 않는 부처님의 법"이란 십팔불공불법十八不共佛法이라고 하는데 부처님께만 있는 공덕으로서 2승이나 보살들에게는 공동共同하지 않는 열여덟 가지다. 신무실身無失·구무실口無失·의무실意無失·무이상無異想·무부정심無不定心·무부지이사無不知已捨·욕무감欲無減·정진무감精進無減·염무감念無減·혜무감慧無減·해탈무감解脫無減·해탈지견무감解脫知見無減·일체신업수지혜행一切身業隨智慧行·일체구업수지혜행一切口業隨智慧行·일체의업수지혜행一切意業隨智慧行·지혜지견과거세무애무장智慧知見過去世無礙無障·지혜지견미래세무애무장智慧知見未來世無礙無障·지혜지견현재세무애무장智慧知見現在世無礙無障이다.

또 상호란 32상과 80종호와 98종 대인상 등이다. 이 모두가 부처님만이 갖출 수 있는 것이기 때문에 37조도품의 수행이 단순히 열반만을 증득하기 위한 수행법이 아니라 불교수행의 궁극의 경지인 여래의 지위에 이르는 수행법임을 강조한 것으로 다시 한 번 부처님의 여러 가지 공덕을 구구하게 밝혔다. "높고 높은 수승한 도를 구하려는 연고며, 들은 바가 매우 깊은 부처님의 해탈을 따르는 연고며, 큰 지혜와 공교한 방편을 생각하는 연고이니라."라고 한 것도 이와 같은 이유에서다.


## 7) 염혜지에서 얻은 공과功果


### (1) 장애障礙를 떠난 공과

불자   보살   주차염혜지   소유신견위수
佛子야 菩薩이 住此焰慧地에 所有身見爲首하야

아인중생수명   온계처   소기집착   출몰   사
我人衆生壽命과 蘊界處의 所起執着과 出沒을 思

유　관찰　　치고　　아소고　　재물고　　착처고
惟와 觀察과 治故와 我所故와 財物故와 着處故인

어여시등　일체개리
於如是等에 一切皆離니라

"불자여, 보살이 이 염혜지에 머물고는 몸이란 소견
[身見]이 그 시초가 되어 '나[我]'라는 고집, '남[人]'이라
는 고집, '중생衆生'이라는 고집, 오래 산다[壽命]는 고집,
오온, 십팔계, 십이처로 일으킨 집착과 태어나고 사라
지는 것을 생각하고 관찰하여 다스리는 연고며, 나의
소유인 연고며, 재물인 연고며, 집착하는 곳인 연고로
이와 같은 모든 것을 다 여의느니라."

　　중생들이 오온과 육근과 십이처와 십팔계 등을 초월한
위대한 참사람의 세계를 알지 못하고 오온의 나에 매여 일
체 번뇌와 장애에 고통을 받는 것은 몸이 '나'라고 생각하는
소견[身見]이 그 시초가 되어 온갖 것을 일으키고 집착하기
때문이다. 제4 염혜지에 머물고는 이와 같은 일체 장애를 떠
난다.

차 보살　약 견 업　　시 여래 소 가　　번 뇌 소염
**此菩薩**이 **若見業**이 **是如來所訶**요 **煩惱所染**인댄

개 실 사 리　　약 견 업　　시 순 보 살 도　　여 래 소 찬
**皆悉捨離**하며 **若見業**이 **是順菩薩道**요 **如來所讚**인댄

개 실 수 행
**皆悉修行**이니라

"이 보살이 만일 업業이 여래께서 꾸중하신 것이고 번뇌에 물든 것으로 본다면 모두 떠나고, 만일 업이 보살의 도를 따르는 것이고 여래께서 찬탄하신 것으로 본다면 다 닦아 행하느니라."

업이란 대개 여래께서 꾸중하신 것이고 번뇌에 물든 것으로 보는 경우가 많다. 그러나 업에는 보살의 업도 있고 부처의 업도 있다. 그러므로 업을 보살의 도를 따르는 것이고 여래께서 찬탄하신 것으로 보아 모두 닦아 행한다면 업이라는 장애를 떠난 공과가 된다.

(2) 덕德을 이룬 공과

1〉 열 가지 마음을 얻다

불자 차 보살 수 소 기 방 편 혜 　수 집 어 도
佛子야 此菩薩이 隨所起方便慧하야 修集於道와

급 조 도 분 　여 시 이 득 윤 택 심 　유 연 심 　조 순
及助道分하야 如是而得潤澤心과 柔軟心과 調順

심 　이 익 안 락 심 　무 잡 염 심 　구 상 상 승 법 심
心과 利益安樂心과 無雜染心과 求上上勝法心과

구 수 승 지 혜 심 　구 일 체 세 간 심 　공 경 존 덕 무 위
求殊勝智慧心과 救一切世間心과 恭敬尊德無違

교 명 심 　수 소 문 법 개 선 수 행 심
敎命心과 隨所聞法皆善修行心이니라

"불자여, 이 보살이 일으킨 방편과 지혜를 따라서 도
道와 도를 돕는 부분을 닦아 모으고는 이와 같이 윤택한
마음과, 부드럽고 연한 마음과, 조화롭고 순한 마음과,
이익하고 안락케 하는 마음과, 잡되고 물들지 않는 마
음과, 높고 높은 수승한 법을 구하는 마음과, 수승한 지
혜를 구하는 마음과, 일체 세간을 구호하는 마음과, 높
은 덕을 공경하고 가르치는 명령을 어기지 않는 마음
과, 들은 법에 따라서 잘 수행하는 마음을 얻느니라."

"도道와 도를 돕는 부분을 닦아 모으고는"이라고 하는 것이 곧 앞에서 밝힌 37조도품을 뜻한다. 이 도와 도를 돕는 부분을 닦으면 신체가 달라지는 것은 아니지만 마음은 전혀 다른 사람이 된 듯 달라질 수 있다. 그것이 열 가지 마음을 얻은 내용이다. 불법을 공부하고는 누구나 위의 열 가지 중에 반드시 한 가지라도 달라져야 할 것이다. 한 가지 새로운 마음을 얻게 되면 머지않아 곧 열 가지 마음을 다 얻게 될 것이다.

차 보살 　지은　 　지보은　 　심 극 화 선　 　동
此菩薩이 知恩하며 知報恩하며 心極和善하며 同

주안락 　질직　 　유연　 　무조림행　 　무유아
住安樂하며 質直하며 柔軟하며 無稠林行하며 無有我

만 　선수교회　 　득설자의　 　차 보살　 여시
慢하며 善受敎誨하며 得說者意하나니 此菩薩이 如是

인성취 　여시조유성취　 　여시적멸성취
忍成就하며 如是調柔成就하며 如是寂滅成就니라

"이 보살이 은혜를 알고 은혜를 갚을 줄을 알며, 마

음이 지극히 화평하며, 함께 있으면서 안락하며, 꾸미거나 숨김이 없이 정직하며, 유순하여 빽빽한 숲과 같은 행이 없으며, 아만이 전혀 없고, 가르침을 잘 받아서 말하는 이의 뜻을 얻느니라. 이 보살이 이와 같이 참는 일을 성취하고, 이와 같이 조화롭고 부드러움을 성취하고, 이와 같이 고요함을 성취하느니라."

앞의 열 가지 마음을 얻고는 그 인품이 세상에서 가장 뛰어나서 어디를 가나 다른 이의 모범이 된다. 은혜를 알고 그 은혜를 갚을 줄 안다면 요즘은 그것만으로도 훌륭한 인품이라고 할 수 있다. 또 마음이 지극히 화평하며, 함께 있으면서 안락하며, 꾸미거나 숨김이 없이 정직하며 유순하다. 또 아만이 전혀 없고, 가르침을 잘 받아들인다. 이 얼마나 함께 살고 싶은 인품인가.

## 2) 열 가지 정진을 얻다

여 시 인 조 유 적 멸 성 취          정 치 후 지 업          작
如是忍調柔寂滅成就<sub>하야</sub> 淨治後地業<sub>하야</sub> 作

의수행시 득불휴식정진 부잡염정진 불퇴
意修行時에 得不休息精進과 不雜染精進과 不退

전정진 광대정진 무변정진 치연정진 무
轉精進과 廣大精進과 無邊精進과 熾然精進과 無

등등정진 무능괴정진 성취일체중생정진
等等精進과 無能壞精進과 成就一切衆生精進과

선분별도비도정진
善分別道非道精進이니라

"이와 같이 참는 일과 조화롭고 부드럽고 고요함을
성취하여 다음 지위의 업을 깨끗이 다스리고, 마음을 두
어 수행할 때에 쉬지 않는 정진과, 섞이고 물들지 않는
정진과, 물러나지 않는 정진과, 광대한 정진과, 끝이 없
는 정진과, 치성한 정진과, 같음이 없는 데 같은 정진
과, 깨뜨릴 수 없는 정진과, 일체 중생을 성취하는 정진
과, 도와 도 아닌 것을 잘 분별하는 정진을 얻느니라."

제4 염혜지에 머물면 그 얻은 공과에 다시 또 열 가지 정
진이 있음을 밝혔다. 요즘 선원에서는 보통정진, 일반정진,
가행정진, 용맹정진 등이 있어서 각자의 신심과 건강 상태에

맞추어 참여할 수 있게 한다.


是菩薩이 心界淸淨하며 深心不失하며 悟解明
利하며 善根增長하며 離世垢濁하며 斷諸疑惑하며 明
斷具足하며 喜樂充滿하며 佛親護念하며 無量志樂을
皆悉成就니라

"이 보살이 마음 경계[心界]가 청정하고 깊은 마음을
잃지 아니하여 깨달아 아는 것이 명쾌하고 선근이 증장
하며, 세간의 혼탁을 여의고 모든 의혹을 끊었으며, 밝
게 판단함이 구족하고 기쁨이 충만하며, 부처님이 친히
호념護念하여 한량없이 좋은 뜻을 모두 성취하느니라."


제4 염혜지에서 열 가지 정진을 얻으면 그 보살은 마음의
경계가 청정하고 깊은 마음을 잃지 아니하여 깨달아 아는
것이 명쾌하고 선근이 증장하는 등의 큰 공과가 따른다.

## (3) 조화롭고 유연한 공과

### 1〉법을 밝히다

佛子야 菩薩이 住此焰慧地에 以願力故로 得見
多佛하나니 所謂見多百佛하며 見多千佛하며 見多
百千佛하며 乃至見多百千億那由他佛하야 皆恭
敬尊重하고 承事供養하야 衣服臥具와 飮食湯藥과
一切資生을 悉以奉施하며

"불자여, 보살이 이 염혜지에 머물고는 서원하는 힘
으로 많은 부처님을 보게 되느니라. 이른바 여러 백 부
처님을 보며, 여러 천 부처님을 보며, 여러 백천 부처님
을 보며, 내지 여러 백천억 나유타 부처님을 보느니라.
모두 공경하고 존중하고 받들어 섬기고 공양하며, 의복
과 이부자리와 음식과 탕약과 모든 생활용품을 받들어
이바지하느니라."

제4 염혜지에 머물고는 서원하는 힘으로 무수한 백천억 나유타 부처님을 친견하고 그 모든 부처님을 공경하고 존중하고 받들어 섬기고 공양하며, 의복과 이부자리와 음식과 탕약과 모든 생활용품을 받들어 이바지하게 되는 그와 같은 공과를 얻게 된다.

역 이 공 양 일 체 중 승
亦以供養一切衆僧하야

이 차 선 근
以此善根으로

개 실 회
皆悉廻

향 아 뇩 다 라 삼 먁 삼 보 리
向阿耨多羅三藐三菩提하며

어 피 불 소
於彼佛所에

공 경 청
恭敬聽

법
法하고

문 이 수 지
聞已受持하야

구 족 수 행
具足修行하며

부 어 피 제 불 법
復於彼諸佛法

중
中에

출 가 수 도
出家修道하며

"또한 모든 스님에게 공양하고, 이 선근으로 아뇩다라삼먁삼보리에 회향하며, 그 부처님 계신 데서 공경하여 법을 듣고 받아 지니며, 구족하게 수행하고, 다시 저 모든 부처님의 법에 출가하여 수도修道하느니라."

모든 수행자가 수행을 열심히 하면 수행을 한 가장 확실한 공과는 더욱 더 열심히 수행할 수 있다는 사실이다. 선한 일뿐만 아니라 악한 일도 그와 같다. 앞에서 무수한 부처님을 친견하고 공양 공경한 공과로 다시 모든 수행자들을 공양하게 되는 것이다. 그 선근을 다시 가장 높은 깨달음으로 회향하고, 더 나아가서 모든 부처님께 법문을 듣고 구족하게 수행하며 드디어 불법 가운데에 출가하여 도를 닦게 된다. 이보다 더 확실한 공과가 또 무엇이겠는가.

又更修治<sub>하야</sub> 深心信解<sub>하야</sub> 經無量百千億那

由他劫<sub>토록</sub> 令諸善根<sub>으로</sub> 轉更明淨<sub>하나니라</sub>

"또다시 닦아서 깊은 마음으로 믿고 이해하며, 한량 없는 백천억 나유타 겁을 지나도록 모든 선근을 더욱 밝고 청정하게 하느니라."

보살행의 실천을 위해 37조도품을 열심히 수행함으로 깊

은 마음으로 믿고 이해하며 한량없는 나유타 겁을 지내면
모든 선근을 더욱 밝고 청정하게 한다.


## 2〉 비유하다

불자     비여금사     연치진금       작장엄구
**佛子**야 **譬如金師**가 **鍊治眞金**하야 **作莊嚴具**에

여소유금     개불능급
**餘所有金**이 **皆不能及**인달하니라

"불자여, 비유하자면 마치 금을 다루는 이가 진금眞金
을 잘 연단하여 장엄거리를 만들면 다른 금으로는 미치
지 못하는 것과 같으니라."

모든 수행을 오로지 보살행만을 위해서 하게 되면 그 수
행은 마치 금을 제련하는 사람이 금으로 온갖 장엄거리를
만드는 것과 같다. 그냥 금덩어리도 금의 값을 충분히 가지
고 있지만 만약 아름다운 불상을 만들었다면 그 값은 도저
히 비교할 수 없는 것과 같다.

### 3〉법과 비유를 합하여 밝히다

보살마하살 역부여시 주어차지소유선
菩薩摩訶薩도 亦復如是하야 住於此地所有善

근 하지선근 소불능급 여마니보청정광
根을 下地善根의 所不能及이며 如摩尼寶淸淨光

륜 능방광명 비제여보지소능급 풍우등
輪이 能放光明에 非諸餘寶之所能及이니라 風雨等

연 실불능괴 보살마하살 역부여시
緣이 悉不能壞인달하야 菩薩摩訶薩도 亦復如是하야

주어차지 하지보살 소불능급 중마번뇌
住於此地에 下地菩薩이 所不能及이라 衆魔煩惱가

실불능괴
悉不能壞니라

"보살마하살도 또한 그와 같아서 이 지위에 있으면
서 닦은 선근은 아래 지위의 선근으로는 미칠 수 없느
니라. 마니보배의 청정한 광명덩이가 놓는 광명을 다른
보배로는 미칠 수 없어서 폭풍우 따위로는 깨뜨릴 수
없는 것처럼, 보살마하살도 또한 그와 같아서 이 지위
에 머무르면 아래 지위의 보살들은 미칠 수 없으며 온
갖 마군의 번뇌로는 능히 깨뜨리지 못하느니라."

제1지에서 제2지로, 제2지에서 제3지로 또 제4지로 차츰 올라가면서 법은 깊어지고 선근은 증장하며 공과는 더욱 커진다. 모든 사람이 본래로 갖추고 있는 참마음에서 출발한 것이지만 보살행의 크고 작음에 따른 차별이다. 이러한 사실을 또 다른 비유를 들어 밝혔다.

### 4〉 염혜지와 사섭법과 십바라밀

차 보살　어 사 섭 중　동 사　편 다　십 바 라
**此菩薩**이 **於四攝中**엔 **同事**가 **偏多**하고 **十波羅**

밀 중　정 진　편 다　여 비 불 수　단 수 력 수 분
**蜜中**엔 **精進**이 **偏多**하며 **餘非不修**로대 **但隨力隨分**

　　　불 자　시 명 약 설 보 살 마 하 살　제 사 염 혜 지
이니라 **佛子**야 **是名略說菩薩摩訶薩**의 **第四焰慧地**
니라

"이 보살이 네 가지로 거두어 주는 법 중에는 일을 함께하는 것이 치우쳐 많고, 십바라밀 중에는 정진바라밀이 치우쳐 많으니라. 다른 것을 닦지 않는 것은 아니지마는 힘을 따르고 분한을 따를 뿐이니라. 불자여, 이

것이 보살마하살의 제4 염혜지를 간략히 설한 것이니라."

　보살의 수행에는 십바라밀과 사섭법과 사무량심이 으뜸이다. 십선과 인의예지도 또한 중요하다. 그러나 매 지위마다 주된 바라밀로 닦는 것이 있고 보조 바라밀로 닦는 것이 있다. 제4 염혜지에서는 동사섭과 정진바라밀을 더 많이 닦음을 밝혔다.


　(4) 과보를 거두는 공과

菩薩이 住此地에 多作須夜摩天王하야 以善方
便으로 能除衆生의 身見等惑하야 令住正見하며 布
施愛語利行同事하나니 如是一切諸所作業이 皆
不離念佛하며 不離念法하며 不離念僧하며 乃至不

리 염 구 족 일 체 종    일 체 지 지
離念具足一切種과 一切智智니라

  "보살이 이 지위에 머물러서는 흔히 수야마천왕이
되며 훌륭한 방편으로 중생들의 몸이라는 소견 등의 의
혹을 없애어 바른 소견에 머물게 하느니라. 보시하고,
좋은 말을 하고, 이로운 행을 하고, 일을 함께하나니,
이와 같이 일체 모든 일들이 모두 부처님을 생각함을
떠나지 아니하며, 법을 생각함을 떠나지 아니하며, 스
님들을 생각함을 떠나지 아니하며, 내지 갖가지 지혜와
일체 지혜의 지혜를 구족하려는 생각을 떠나지 아니하
느니라."

  보살이 제4 염혜지에 머물러서는 세속에서는 흔히 수야
마천왕이 된다. 그러고는 훌륭한 방편으로 중생들의 몸이라
는 소견[身見] 등의 의혹을 없애어 바른 소견에 머물게 한다.
일체 집착이 몸을 자기의 전부라고 고집하는 데서 출발하기
때문에 중생들에게 그 집착만 버리게 한다면 보시와 애어와
이행과 동사라는 보살행은 저절로 따라온다. 또 한 가지 중
요한 점은 사섭법을 실천한다 하더라도 삼보를 생각하는

불교적 신심이 반드시 뒤따라야 한다는 것이다. 그래서 궁극적으로 일체 지혜를 구족하여야 한다. 즉 일체 선행과 불법이 병행되어야 한다는 점을 밝혔다. 선행만으로는 불법이라고 할 수 없기 때문이다.

復作是念<sub>호대</sub> 我當於一切衆生中<sub>에</sub> 爲首<sub>며</sub> 爲

勝<sub>이며</sub> 爲殊勝<sub>이며</sub> 爲妙<sub>며</sub> 爲微妙<sub>며</sub> 爲上<sub>이며</sub> 爲無上

<sub>이며</sub> 乃至爲一切智智依止者<sub>라하나니</sub>

"또 생각하기를 '내가 중생들 가운데 첫째가 되고, 나은 이가 되고, 썩 나은 이가 되고, 묘하고, 미묘하고, 위가 되고, 위없는 이가 되고, 내지 온갖 지혜의 지혜에 의지함이 되리라.' 라고 하느니라."

앞의 내용과 같은 수행을 갖추고 다시 중생들 가운데 첫째가 되고, 나은 이가 되고, 썩 나은 이가 되고, 묘하고, 미묘하고, 위가 되고, 위없는 이가 되고, 내지 온갖 지혜의 지혜에 의지함이 되어야 한다는 것을 밝혔다.

시보살 약발근정진 어일념경 득입억
**是菩薩**이 **若發勤精進**하면 **於一念頃**에 **得入億**

수삼매 득견억수불 득지억수불신력
**數三昧**하야 **得見億數佛**하고 **得知億數佛神力**하야

능동억수세계 내지능시현억수신 일일신
**能動億數世界**하며 **乃至能示現億數身**에 **一一身**이

억수보살 이위권속
**億數菩薩**로 **以爲眷屬**이니라

"이 보살이 만약 부지런히 정진하면 잠깐 동안에 억 삼매에 들어가고, 억 부처님을 보고, 억 부처님의 신통을 알고, 억 부처님의 세계를 진동하며, 내지 억 가지 몸을 나타내고, 낱낱 몸마다 억 보살로 권속을 삼느니라."

보살이 여기에서 만약 정진을 더하게 되면 과보를 거두는 공과가 더욱 올라가고 더욱 수승해짐을 이와 같이 밝혔다. 한순간에 이러한 공과를 다 누리게 된다.

(5) 원력과 지혜의 공과

약 이 보 살 수 승 원 력　　　 자 재 시 현　　　 과 어 차
**若以菩薩殊勝願力**으로 **自在示現**인댄 **過於此**

수　　　 백 겁 천 겁　　　 내 지 백 천 억 나 유 타 겁　　　 불 능
**數**하야 **百劫千劫**과 **乃至百千億那由他劫**에도 **不能**

수 지
**數知**니라


"만약 보살의 훌륭한 원력으로 자재하게 나타내면
이보다 지나가서 백 겁 천 겁과 내지 백천억 나유타 겁
에도 세어서 알 수 없느니라."


만약 보살의 훌륭한 원력으로 자재하게 나타내면 이보
다 지나가서 백 겁 천 겁과 내지 백천억 나유타 겁에도 세어
서 알 수 없음을 거듭 밝혔다.

## 8) 게송으로 그 뜻을 거듭 설하다

### (1) 제4 염혜지의 행을 밝히다

이 시 금 강 장 보 살 욕 중 선 기 의 이 설 송
**爾時**에 **金剛藏菩薩**이 **欲重宣其義**하사 **而說頌**

언
**言**하사대

그때에 금강장보살이 그 뜻을 다시 펴려고 게송으로
설하였습니다.


보 살 이 정 제 삼 지 차 관 중 생 세 법 계
**菩薩已淨第三地**에 **次觀衆生世法界**와

공 계 식 계 급 삼 계 심 해 실 료 능 취 입
**空界識界及三界**하야 **心解悉了能趣入**이로다

보살이 이미 제3지를 잘 다스리고

중생계와 세계와 모든 법계와

허공계와 식계識界와 삼계를 살펴보고

마음이 열리어 다 알아 능히 나아가리라.

게송에는 생략이 많으므로 앞의 장문을 인용하여 게송을 다시 밝힌다. "중생계를 관찰하고, 법계를 관찰하고, 세계를 관찰하고, 허공계를 관찰하고, 식계識界를 관찰하고, 욕계를 관찰하고, 색계를 관찰하고, 무색계를 관찰하고, 넓은 마음으로 믿고 아는 계를 관찰하고, 큰 마음으로 믿고 이해하는 계를 관찰하는 것이니라."라고 하였다. 이와 같이 장문과 연관하여 보면 생략된 것이 쉽게 이해되리라 생각한다.

시 등 염 지 증 세 력
始登焰地增勢力하야

생 여 래 가 영 불 퇴
生如來家永不退하며

어 불 법 승 신 불 괴
於佛法僧信不壞하야

관 법 무 상 무 유 기
觀法無常無有起이로다

염혜지에 처음 올라 세력이 늘어
여래의 가문에 태어나 길이 퇴전치 않고
불법승을 믿어서 무너지지 않아
법의 무상과 일어나지 않음을 관하느니라.

역시 온전한 내용의 장문을 인용하여 살펴보겠다. "깊은 마음이 물러가지 않는 연고며, 삼보에 청정한 신심을 내어 끝까지 무너지지 않는 연고며, 또 모든 행이 생멸함을 관찰하는 연고며, 모든 법의 자성이 생기지 아니함을 관찰하는 연고이니라."라고 하였다.

관 세 성 괴 업 유 생
**觀世成壞業有生**과

생 사 열 반 찰 등 업
**生死涅槃刹等業**하며

관 전 후 제 역 관 진
**觀前後際亦觀盡**하야

여 시 수 행 생 불 가
**如是修行生佛家**로다

세상이 성괴成壞하고 업으로 남과
생사와 열반과 국토와 업을 관하여
앞세상과 뒷세상을 관하되 관함까지 다하여
이와 같이 수행하여 부처님의 집에 태어나느니라.

또 장문에서는 "세간이 이루어지고 무너지는 것을 관찰하는 연고며, 업으로 인하여 생生이 있음을 관찰하는 연고며, 생사와 열반을 관찰하는 연고며, 지나간 세월과 오는 세월을 관찰하는 연고며, 아무것도 다할 것이 없음을 관찰하는 연고이니라.”라고 하였다.

득 시 법 이 증 자 민 　　　전 갱 근 수 사 념 처
**得是法已增慈愍**하야　　**轉更勤修四念處**호대

신 수 심 법 내 외 관 　　　세 간 탐 애 개 제 견
**身受心法內外觀**하야　　**世間貪愛皆除遣**이로다

이러한 법을 얻고 자비가 증장하여
네 가지 생각하는 곳[四念處]을 더욱 닦으며
몸과 받음과 마음과 법의 안팎을 관찰하여
세간의 탐심과 애정을 모두 멸하도다.

장문에서 설한 몸과 받음과 마음과 법의 사념처四念處에
대한 내용을 게송으로 거듭 설하였다. 자세한 내용은 장문
에 잘 나타나 있다.

보 살 수 치 사 근 행 　　　악 법 제 멸 선 증 장
**菩薩修治四勤行**하야　　**惡法除滅善增長**하며

신 족 근 력 실 선 수　　　칠 각 팔 도 역 여 시
**神足根力悉善修**하며　　**七覺八道亦如是**로다

네 가지 부지런함[四正勤]을 보살이 닦아

나쁜 법은 없어지고 선善이 증장해서

4신족과 5근과 5력을 모두 닦으며

7각분과 8정도도 이와 같이 닦도다.


사정근과 사신족과 오근과 오력과 칠각분과 팔정도를 게
송으로 간략히 밝혔다. 자세한 내용은 역시 장문에 잘 나타
나 있다.




위 도 중 생 수 피 행　　　본 원 소 호 자 비 수
**爲度衆生修彼行**에　　**本願所護慈悲首**라

구 일 체 지 급 불 토　　　역 념 여 래 십 종 력
**求一切智及佛土**하며　　**亦念如來十種力**이로다

중생을 건지려고 행을 닦으며

본래의 원력으로 보호하고 자비가 으뜸이 되어

일체 지혜와 불국토를 모두 구하며

또한 여래의 열 가지 힘을 생각하도다.

　　장문에서도 밝혔듯이 37조도품이라는 수행법은 초기불교나 근본불교의 중요한 수행 덕목인데 화엄경에서는 그것을 보살이 수행하여 부처의 경지에 이르는 내용으로 해석하였다. 그래서 중생을 제도하려고 37종의 수행을 닦으며, 본래의 원력으로 중생을 보호하고, 자비가 으뜸이 되어 부처님이 갖춘 일체 지혜와 불국토를 모두 구하며, 또한 여래의 열 가지 힘을 생각하는 것이라고 하여 소승불교를 일승원교로 회통한 것이다. 경전으로 배대配對하면 아함경을 화엄경으로 회통한 것이 된다. 이것이 화엄경의 본래의 뜻이다.

사 무 소 외 불 공 법
**四無所畏不共法**과

수 특 상 호 심 미 음
**殊特相好深美音**하며

역 구 묘 도 해 탈 처
**亦求妙道解脫處**와

급 대 방 편 수 행 피
**及大方便修行彼**로다

두려움 없는 힘과 함께하지 않는 법과

특별하게 잘 생기고 미묘한 음성과

또한 묘한 도道와 해탈과

큰 방편들을 구하려고 저러한 행을 닦도다.


4무소외와 18불공법과 특별히 잘 생긴 상호相好와 아름다
운 음성과 미묘한 도와 큰 해탈과 큰 방편들은 모두 부처님
의 경지에서 얻어지는 것이다. 그런데 소승불교 수행법인 37
조도품도 그와 같은 부처님의 경지를 이루기 위한 수행이라
고 거듭 밝히고 있다. 이와 같은 주장은 오직 화엄경에서만
말할 수 있는 이론이다. 다시 밝히건대 이것은 소승불교를
일승원교로 포섭하여 같은 범주 안에 수용하는 화엄경의 큰
마음이다. 그러므로 일체 불법은 모두 부처의 경지에 올라
다시 보현행으로 회향하게 하는 길을 가리키고 있다. 비유
하면 천만 개의 강과 하천이 각자의 방향에서 모두 큰 바다
로 흘러 들어와서 궁극에는 한 가지 맛을 이루는 것과 같다.


## (2) 더 발전한 수행의 결과

신 견 위 수 육 십 이
**身見爲首六十二**와

아 급 아 소 무 량 종
**我及我所無量種**과

온 계 처 등 제 취 착             차 사 지 중 일 체 리
**蘊界處等諸取着**을        **此四地中一切離**로다

신견身見이 첫째가 되어 62종의 소견과

'나'라 '내 것'이라 하는 무량한 종류와

5온과 18계와 12처의 모든 집착을

제4지에서 일체를 모두 다 떠나도다.


　인간이 갖는 온갖 소견은 육신이 존재한다는 것을 근본
으로 하여 62종의 견해가 있게 되었다. 그것은 외도들의 여
러 가지 중장인데, 그 계산법은 이렇다. 과거와 현재와 미래
의 3세世에 각각 5온蘊이 있어서 그것을 곱하여 15가 되고,
낱낱이 유有와 무無와 비유비무非有非無와 역유역무亦有亦無의 4
구句의 이견異見이 있어 그것을 합하여 60견見이 된다. 거기에
근본인 단견斷見과 상견常見 2견을 더하면 모두 62견이 된다.
　하지만 62견과 아울러 '나'라 '내 것'이라 하는 무량한 종
류와 5온과 18계와 12처의 모든 집착을 제4 염혜지에서 모
두 다 떠난다. 불법을 제대로 이해하는 데 중요한 것은 비불
교적 삿된 견해를 철저히 알아 그 견해를 떠나는 것이다.

여래소가번뇌행　　　　　　이무의리개제단
如來所訶煩惱行을　　　　　以無義利皆除斷하고

지자수행청정업　　　　　　위도중생무부작
智者修行清淨業을　　　　　爲度衆生無不作이로다

여래가 꾸짖으신 번뇌의 행은
옳은 이익이 없으므로 다 끊어 버리고
지혜로운 이[智者]가 행하는 청정한 업業은
중생을 제도하기 위하여 모두 짓도다.

제4 염혜지에 머물면 여래께서 꾸짖는 일체 번뇌의 행은
다 끊어 버리고 지혜로운 이가 행하는 청정한 업은 중생을
제도하기 위하여 모두 지음을 밝혔다.

보살근수불해태　　　　　　즉득십심개구족
菩薩勤修不懈怠에　　　　　卽得十心皆具足하고

전구불도무염권　　　　　　지기수직도중생
專求佛道無厭倦하야　　　　志期受職度衆生이로다

보살이 부지런히 수행하여 게으르지 않아

열 가지의 마음 얻어 다 구족하고
오로지 불도를 구하기에 싫음이 없으며
마음에 직분 받음을 기약하여 중생을 제도하도다.

　보살이 부지런히 수행하여 얻는 열 가지 마음이란 앞의
장문을 인용하면 "윤택한 마음과, 부드럽고 연한 마음과,
조화롭고 순한 마음과, 이익하고 안락케 하는 마음과, 잡되
고 물들지 않는 마음과, 높고 높은 수승한 법을 구하는 마
음과, 수승한 지혜를 구하는 마음과, 일체 세간을 구호하는
마음과, 높은 덕을 공경하고 가르치는 명령을 어기지 않는
마음과, 들은 법에 따라서 잘 수행하는 마음"이다. 이러한
마음을 다 구족하여 오로지 불도를 구한다. "마음에 직분
받음을 기약하는 것"은 여래의 종성을 이어 중생을 제도하
는 일이다.

공 경 존 덕 수 행 법
恭敬尊德修行法하야

지 은 이 회 무 온 포
知恩易誨無慍暴하며

사 만 이 첨 심 조 유　　　전 갱 정 근 불 퇴 전
捨慢離諂心調柔하야　　轉更精勤不退轉이로다

덕 높은 이의 수행법을 공경하며

은혜 알고, 교훈 받고, 난폭함이 없고

교만과 아첨을 버리고 마음이 유순하여

더욱더 부지런히 수행하여 퇴전치 않도다.


　부처님이 수행하신 법을 공경하여 받들고 그 은혜를 알고 은혜를 갚으며 교만과 아첨을 버리고 마음이 유순하여 더욱더 부지런히 수행하여 퇴전치 않는다.


보 살 주 차 염 혜 지　　　기 심 청 정 영 불 실
菩薩住此焰慧地에　　其心淸淨永不失하며

오 해 결 정 선 증 장　　　의 망 구 탁 실 개 리
悟解決定善增長하야　　疑網垢濁悉皆離로다

보살이 이 염혜지에 머물러서는

그 마음 청정하여 영원히 잃지 않으며

깨달음이 결정하고 선善이 증장하며

의혹의 그물과 더러운 때를 모두 여의도다.

보살이 제4 염혜지에 머물게 되면 그 마음 청정하여 지금까지 얻은 수행의 결과를 영원히 잃지 않는다. 또 깨달음이 결정하고 선善이 증장하며 의혹의 그물과 더러운 때를 모두 떠나게 된다. "영원히 잃지 않는다."는 것은 물러서지 않는 불퇴지不退地의 뜻을 가진다는 것이다.


### (3) 염혜지에 오른 공과功果

차 지 보 살 인 중 승　　　　공 나 유 타 무 량 불
**此地菩薩人中勝**이라　　**供那由他無量佛**하고

청 문 정 법 역 출 가　　　　불 가 저 괴 여 진 금
**聽聞正法亦出家**하니　　**不可沮壞如眞金**이로다

이 보살이 인간에서 가장 수승해서

나유타 한량없는 부처님을 공양하며

바른 법을 듣고 또한 출가하니

무너뜨릴 수 없는 것이 마치 진금과 같도다.

제4 염혜지에 오른 공과를 게송으로 거듭 설한다. 염혜지에만 올라도 인간에서 가장 수승하며, 나유타 한량없는 부처님을 공양하며, 바른 법을 듣고 또한 출가하게 되니 마치 무엇으로도 무너뜨릴 수 없는 진금과 같다. 만약 수십 년을 부처님 도량에 살면서 수행하였으나 아직도 중생심을 조금도 덜어 내지 못하고 온갖 욕심으로 밤낮을 지새운다면 어찌해야 하겠는가. 오호통재로다.

보 살 주 차 구 공 덕
**菩薩住此具功德**하며

이 지 방 편 수 행 도
**以智方便修行道**하니

불 위 중 마 심 퇴 전
**不爲衆魔心退轉**이

비 여 묘 보 무 능 괴
**譬如妙寶無能壞**로다

보살이 이 지위에 머물러 공덕 갖추고
지혜와 방편으로 도를 행하여
마군들에게 마음이 물러서지 않으니
비유하면 묘한 보배 파괴할 수 없음과 같도다.


보살이 제4 염혜지에 머물면 온갖 공덕을 다 갖추고 지혜와 방편으로 도를 닦아서 견고한 마음이 결코 마군들에게 물러서지 않는다. 비유하자면 마치 아름다운 다이아몬드가 그 어떤 것에도 파괴되지 않는 것과 같다.


주 차 다 작 염 천 왕
**住此多作焰天王**하야

어 법 자 재 중 소 존
**於法自在衆所尊**이라

보 화 군 생 제 악 견
**普化群生除惡見**하고

전 구 불 지 수 선 업
**專求佛智修善業**이로다

이 지위에 머물면 수야마천왕이 되어
모든 법에 자재하여 대중이 존중함이라
중생들을 널리 교화하여 나쁜 소견 없애 주고
오로지 부처님 지혜 구하여 선한 업을 닦도다.


염혜지에 머물러 만약 세속에 있게 되면 야마천왕이 되어 모든 법에 자재하여 대중들이 존중하고 많은 백성들을 교화하게 된다. 그래서 백성들은 악한 소견과 악한 짓은 전혀 없고 순박하고 선량하며 평화로운 세상을 만들게 된다.

보 살 근 가 정 진 력　　　　획 삼 매 등 개 억 수
**菩薩勤加精進力**에　　**獲三昧等皆億數**어니와

약 이 원 지 력 소 위　　　　과 어 차 수 무 능 지
**若以願智力所爲**인댄　　**過於此數無能知**로다

보살이 부지런히 정진하는 힘을 쌓아서
삼매를 얻는 등의 일이 모두 억이나 되니
만약 서원과 지혜의 힘을 나타낸다면
이보다 지나가서 알 수 없도다.

　장문에서 공과를 설명하면서 "이 보살이 만약 부지런히
정진하면 잠깐 동안에 억 삼매에 들어가고, 억 부처님을 보
고, 억 부처님의 신통을 알고, 억 부처님의 세계를 진동하며,
내지 억 가지 몸을 나타내고, 낱낱 몸마다 억 보살로 권속
을 삼느니라."라고 하였다.

### (4) 염혜지를 다 맺다

여 시 보 살 제 사 지　　　　소 행 청 정 미 묘 도
**如是菩薩第四地**의　　**所行清淨微妙道**가

공 덕 의 지 공 상 응　　　아 위 불 자 이 선 설
**功德義智共相應**을　　　**我爲佛子已宣說**이로다

이와 같은 보살의 제4지 법문의

수행이 청정하고 미묘한 도가

공덕과 뜻과 지혜 서로 상응하는 일

제가 이미 불자들을 위하여 다 설하였도다.


　여기까지 해탈월보살이 법을 청함으로 인하여 금강장보
살이 공덕과 지혜가 서로 상응하는 제4 염혜지 법문을 모두
설하여 마쳤다.

# 5. 제5 난승지難勝地를 설하다

## 1) 찬탄하고 공양하여 법을 청하다

### (1) 보살이 찬탄하다

보 살 문 차 승 지 행
**菩薩聞此勝地行**하고

어 법 해 오 심 환 희
**於法解悟心歡喜**하야

공 중 우 화 찬 탄 언
**空中雨華讚歎言**호대

선 재 대 사 금 강 장
**善哉大士金剛藏**이여

보살이 제4지의 수승한 지위의 행을 듣고

법을 깨달아 마음이 환희하거늘

하늘에서 꽃비 내려 찬탄하기를

"거룩하여라, 큰 보살 금강장보살이여."

제5 난승지難勝地를 설하기 전에 제4지의 법문을 찬탄하
고 공양하여 높이 기리는 게송이 설해졌다. 이 게송은 경가

의 설이다. 제4지의 수승한 지위의 행을 듣고 대중들이 법을 깨달아 마음이 환희하므로 하늘에서는 꽃비가 내려 "훌륭하여라, 훌륭하여라, 큰 보살 금강장보살이여."라고 찬탄하였다.

## (2) 천왕天王이 공양하다

자 재 천 왕 여 천 중
**自在天王與天衆**이

문 법 용 약 주 허 공
**聞法踊躍住虛空**하야

보 방 종 종 묘 광 운
**普放種種妙光雲**하야

공 양 여 래 희 충 변
**供養如來喜充徧**이로다

자재천왕은 하늘의 대중들과 함께
법문을 듣고 허공 중에서 뛸 듯이 기뻐하며
가지가지 아름다운 광명구름 널리 놓아서
여래께 공양하며 환희가 충만하도다.

다음은 자재천의 천왕이 하늘의 대중들과 함께 법문을 듣고 허공에서 기뻐하여 갖가지 아름다운 광명을 놓아 여래께 공양을 올렸다.

## (3) 천녀天女가 찬탄하다

천 제 채 녀 주 천 악
天諸婇女奏天樂하며

역 이 언 사 가 찬 불
亦以言辭歌讚佛할새

실 이 보 살 위 신 고
悉以菩薩威神故로

어 피 성 중 발 시 언
於彼聲中發是言호대

하늘의 채녀婇女들이 음악을 연주하며

또한 말로써 노래하여 부처님을 찬탄하는데

모두 다 보살들의 위신으로써

그 소리 속에서 이런 말을 하였다.



불 원 구 원 금 내 만
佛願久遠今乃滿하시며

불 도 구 원 금 내 득
佛道久遠今乃得하사

석 가 문 불 지 천 궁
釋迦文佛至天宮하시니

이 천 인 자 구 내 견
利天人者久乃見이로다

"부처님의 서원 오랜만에 지금에야 만족하며

부처님의 도 오랜만에 이제야 얻었고

석가모니 부처님 천궁에 오셔서

천신과 사람을 이롭게 한 분을 이제야 뵙도다."

타화자재천의 천녀들이 음악을 연주하며 부처님을 찬탄하는데 말로써 노래하였다. 그 노래의 말은 "부처님의 서원 오랜만에 지금에야 만족하며, 부처님의 도 오랜만에 이제야 얻었고, 석가모니 부처님 천궁에 오셨으니, 천신과 사람을 이롭게 하는 분을 이제야 뵙네."라는 내용이었다.

대 해 구 원 금 시 동
**大海久遠今始動**하며

불 광 구 원 금 내 방
**佛光久遠今乃放**하시니

중 생 구 원 시 안 락
**衆生久遠始安樂**이요

대 비 음 성 구 내 문
**大悲音聲久乃聞**이로다

"큰 바다 오랜만에 처음 동動하고
부처님의 광명 오랜만에 지금 놓으며
중생들은 오랜만에 비로소 안락하여
자비로운 그 음성을 이제 듣도다."

천녀들의 노래는 계속된다. "제4지의 설법이 끝나니 큰 바다 오랜만에 비로소 출렁거리고, 부처님도 모처럼 광명을 놓고, 중생들도 비로소 안락을 얻어, 자비로운 그 음성 듣게 되었다."라는 내용이다.

공 덕 피 안 개 이 도
功德彼岸皆已到하며

교 만 흑 암 개 이 멸
憍慢黑闇皆已滅하시니

최 극 청 정 여 허 공
最極淸淨如虛空이요

불 염 세 법 유 연 화
不染世法猶蓮華로다

"공덕의 저 언덕에 이미 이르고
캄캄한 교만심을 이미 소멸하시니
가장 지극한 청정하심이 허공과 같으며
세상 법에 물들지 않음이 연꽃 같도다."

천녀들의 노래가 아름답기도 하려니와 제4지 보살의 경
지를 잘 표현하였다. 공덕의 저 언덕에 이미 이르고 캄캄한
교만심을 다 소멸하였다고 하였다. 자신이 잘났다고 하여
남을 무시하는 것은 교만심이다. 그것은 곧 캄캄한 어리석
음으로 다른 사람의 장점을 보지 못하게 한다. 가장 지극히
청정하여 허공과 같다는 것은 청정한 마음은 곧 텅 빈 마음
임을 뜻한다. 또 세상 법에 물들지 않음이 연꽃 같다고 하였

다. 연꽃은 본래 보살이 세상과 더불어 살되 세상에 물들지 않는 것을 상징한다. 처염상정處染常淨이라고 하지 않던가.

대 모 니 존 현 어 세
大牟尼尊現於世하시니

비 여 수 미 출 거 해
譬如須彌出巨海라

공 양 능 진 일 체 고
供養能盡一切苦하며

공 양 필 득 제 불 지
供養必得諸佛智하리니

"석가모니 세존께서 세상에 출현하시니
수미산이 바다에서 솟아 나온 듯하네.
공양하면 능히 일체 고통 끝낼 수 있고
공양하면 반드시 부처님 지혜 얻게 되리라."

또 석가모니 부처님이 이 세상에 출현하신 모습을 표현하였다. 부처님을 세상 사람들과 비교하니 마치 산 중에 가장 큰 산인 수미산이 바다에서 높이 솟아오른 것과 같다고 하였다. 위대하신 성인이라 그분에게 공양하면 일체 고통을 끝낼 수 있고 또한 반드시 부처님의 지혜를 얻게 될 것이라고 하였다.

차 응 공 처 공 무 등  시 고 환 심 공 양 불
**此應供處供無等**일새  **是故歡心供養佛**이로다

"응당히 공양할 데 공양하면 짝이 없으리니
그러므로 환희심으로 부처님께 공양하도다."

부처님께 공양하는 것은 응당 공양해야 할 분에게 공양하는 것이라 그 공양의 공덕은 비교할 수 없을 것이다. 그러므로 환희한 마음으로 부처님께 공양하는 것이라고 하였다.

여 시 무 량 제 천 녀  발 차 언 사 칭 찬 이
**如是無量諸天女**가  **發此言辭稱讚已**하고

일 체 공 경 희 충 만  첨 앙 여 래 묵 연 주
**一切恭敬喜充滿**하야  **瞻仰如來默然住**로다

이와 같이 한량없이 많은 천녀들이
이런 말을 하면서 칭찬하거늘
일체가 공경하며 기쁨이 가득하여
부처님 쳐다보며 묵묵히 머물도다.

천녀들이 찬탄하는 말을 결론지었다. 공경하는 마음과 기쁨이 가득하여 부처님을 우러러보면서 묵묵히 법문을 기다리는 광경이다.

## (4) 제5지의 법문을 청하다

시 시 대 사 해 탈 월  　부 청 무 외 금 강 장
**是時大士解脫月**이　**復請無畏金剛藏**호대

제 오 지 중 제 행 상  　유 원 불 자 위 선 설
**第五地中諸行相**을　**唯願佛子爲宣說**하소서

이때에 큰 보살 해탈월보살이
두려움 없으신 금강장보살에게 청하기를
"제5지의 모든 행상을
바라건대 불자시여, 말씀하소서."

이때에 해탈월보살이 금강장보살에게 제5 난승지의 법문을 청하였다. 십지품은 다른 품에 비하면 앞뒤에 게송을 더하여 글의 짜임새와 품격을 훨씬 돋보이게 한 것이 역력하다. 내용으로나 형식으로나 특별히 공을 들여 결집하였음을 알 수 있다.


## 2) 제5 난승지에 들어가는 열 가지의 평등하고 청정한 마음


爾時에 金剛藏菩薩이 告解脫月菩薩言하사대

佛子야 菩薩摩訶薩이 第四地所行道가 善圓滿已

에 欲入第五難勝地인댄 當以十種平等淸淨心趣

入이니

그때에 금강장보살이 해탈월보살에게 말하였습니다.
"불자여, 보살마하살이 제4지에서 행할 도를 이미 원
만케 하고, 제5 난승지에 들어가려면 열 가지의 평등하
고 청정한 마음으로 들어가야 하느니라."


경문을 분석하면 크게 셋으로 나눌 수 있다. 첫째는 게송

으로 앞의 법문을 찬탄하고 뒤의 법문을 청하는 내용이며, 둘째는 장문으로 그 지위의 모든 내용을 낱낱이 설명하는 부분이며, 셋째는 장문의 내용을 간략히 다시 한 번 게송으로 정리하는 부분이다. 이제 제5 난승지의 본문에 들어선 것이다. 난승지에 들어가려면 열 가지의 평등하고 청정한 마음이 있어야 한다고 하였다.

何等이 爲十고 所謂於過去佛法에 平等淸淨心과 未來佛法에 平等淸淨心과 現在佛法에 平等淸淨 心과

"무엇이 열인가. 이른바 과거의 불법에 평등하고 청정한 마음과, 미래의 불법에 평등하고 청정한 마음과, 현재의 불법에 평등하고 청정한 마음이니라."

평등하고 청정한 마음이란 텅 비어 공적한 마음이다. 텅

비어 공적해야 평등하다. 또 청정하다는 것도 공적하다는 뜻이다. 과거의 불법과 미래의 불법과 현재의 불법에 텅 비어 평등한 마음이라야 제5지에 들어갈 수 있다는 뜻이다.


계 평 등 청 정 심      심 평 등 청 정 심      제 견 의 회
**戒平等淸淨心**과 **心平等淸淨心**과 **除見疑悔**

평 등 청 정 심      도 비 도 지 평 등 청 정 심      수 행 지
**平等淸淨心**과 **道非道智平等淸淨心**과 **修行智**

견 평 등 청 정 심
**見平等淸淨心**과

"계율에 평등하고 청정한 마음과, 마음에 평등하고 청정한 마음과, 소견과 의혹을 끊는 데 평등하고 청정한 마음과, 도道와 도 아닌 것을 가리는 지혜에 평등하고 청정한 마음과, 수행하는 지혜의 견해에 평등하고 청정한 마음이니라."


앞에서는 삼세의 불법에 평등하고 청정한 마음이고, 다음은 모든 불법을 수순하는 데 평등하고 청정한 마음이다.

그래서 계와 마음과 소견과 의혹과 도와 비도와 수행하는 지혜의 견해에까지 모두 텅 비어 평등하고 청정한 마음이다.

어 일 체 보 리 분 법 　 상 상 관 찰 평 등 청 정 심
於一切菩提分法에 上上觀察平等淸淨心과

교 화 일 체 중 생 평 등 청 정 심 　 보 살 마 하 살 　 이
敎化一切衆生平等淸淨心이니 菩薩摩訶薩이 以

차 십 종 평 등 청 정 심 　 득 입 보 살 제 오 지
此十種平等淸淨心으로 得入菩薩第五地니라

"일체 보리菩提의 부분법을 상상上上으로 관찰하는 데 평등하고 청정한 마음과, 일체 중생을 교화하는 데 평등하고 청정한 마음이니라. 보살마하살이 이 열 가지의 평등하고 청정한 마음으로 보살의 제5지에 들어가느니라."

역시 모든 불법을 수순하는 데 평등하고 청정한 마음이다. 보리분법을 최상으로 관찰하는 일과 일체 중생을 교화하는 일 등에 모두 텅 비어 평등하고 청정한 마음이다. 텅

비어 평등하고 청정한 마음이란 삼세불법이 곧 삼세불법이
아니며 불법을 수순함이 곧 불법을 수순함이 아니라는 뜻
이다.


### 3) 제5지에서 닦는 수행


佛子<sub>야</sub> 菩薩摩訶薩<sub>이</sub> 住此第五地已<sub>에</sub> 以善修

菩提分法故<sub>며</sub> 善淨深心故<sub>며</sub> 復轉求上勝道故<sub>며</sub>

隨順眞如故<sub>며</sub> 願力所持故<sub>며</sub> 於一切衆生<sub>에</sub> 慈愍

不捨故<sub>며</sub>

"불자여, 보살마하살이 이 제5지에 머물고 나서는
보리분법을 잘 닦는 연고며, 깊은 마음을 매우 깨끗이
하는 연고며, 상품이고 수승한 도道를 더욱 구하는 연고
며, 진여를 수순하는 연고며, 원력으로 부지扶持하는 연

고며, 일체 중생에게 불쌍히 여기는 생각을 버리지 않는 연고이니라."

"보리분법을 잘 닦는다."에서 보리분법은 곧 제4지에서 널리 밝힌 37조도품과 같은 뜻이다. 제5지에서도 역시 37조도품을 반복해서 닦으며, 깊은 마음을 청정하게 하며, 높고 높은 도를 더욱 열심히 구하며, 본래 지닌 진여불성의 이치를 잘 수순하며, 원력으로 붙잡아 가지며, 일체 중생을 더욱 불쌍히 여긴다.

적 집 복 지 조 도 고　　정 근 수 습 불 식 고　　출 생
積集福智助道故며 精勤修習不息故며 出生

선 교 방 편 고　　관 찰 조 명 상 상 지 고　　수 여 래 호
善巧方便故며 觀察照明上上地故며 受如來護

념 고　　염 지 력 소 지 고　　득 불 퇴 전 심
念故며 念智力所持故로 得不退轉心이니라

"복과 지혜로 도를 돕는 일을 모아 쌓는 연고며, 부지런히 닦기를 쉬지 않는 연고며, 교묘한 방편을 내는

연고며, 상상지上上地를 관찰하여 밝게 비추는 연고며, 여래의 호념護念을 받는 연고며, 지혜의 힘으로 부지扶持하는 연고로 물러가지 않는 마음을 얻느니라."

또 복과 지혜로 도를 돕는 일을 모으며, 부지런히 수행하여 쉬지 않으며, 선교 방편을 출생하며, 더욱더 높은 지위를 관찰하며, 여래의 호념하심을 받으며, 지혜의 힘으로 부지하여 물러가지 않는다.

### 4) 제5지 보살이 통달하여 아는 법

불자  차보살마하살  여실지차시고성제
佛子야 此菩薩摩訶薩이 如實知此是苦聖諦와

차시고집성제  차시고멸성제  차시고멸도
此是苦集聖諦와 此是苦滅聖諦와 此是苦滅道

성제
聖諦하며

"불자여, 이 보살마하살이 이것은 고苦라는 성스러운

참된 이치[聖諦]며, 이것은 고의 원인이 모여서 된다는[苦集] 성스러운 참된 이치며, 이것은 고를 멸한다[苦滅]는 성스러운 참된 이치며, 이것은 고를 멸하는 길[苦滅道]이라는 성스러운 참된 이치임을 실상대로 아느니라."

제5지 보살은 고집멸도를 알되 낱낱이 성스러운 진리며 참된 이치라는 사실을 깨달아 안다. 소승불교에서 단순하게 말하는 고집멸도와는 그 차원이 다르다. 사제四諦와 사성제四聖諦의 차이다.


선지 속 제　　　선 지 제 일 의 제　　　선 지 상 제
善知俗諦하며 善知第一義諦하며 善知相諦하며

선 지 차 별 제　　　선 지 성 립 제　　　선 지 사 제　　선
善知差別諦하며 善知成立諦하며 善知事諦하며 善

지 생 제　　　선 지 진 무 생 제　　　선 지 입 도 지 제
知生諦하며 善知盡無生諦하며 善知入道智諦하며

선 지 일 체 보 살 지 차 제 성 취 제　　　내 지 선 지 여 래
善知一切菩薩地次第成就諦하며 乃至善知如來

지 성 취 제
**智成就諦** 하나니라

"세속의 이치[俗諦]를 잘 알며, 제일가는 뜻이라는 이
치[第一義諦]를 잘 알며, 형상의 이치[相諦]를 잘 알며, 차
별한 이치[差別諦]를 잘 알며, 성립하는 이치[成立諦]를 잘
알며, 사물의 이치[事諦]를 잘 알며, 생기는 이치[生諦]를
잘 알며, 다하여 생기지 않는 이치[盡無生諦]를 잘 알며,
도道에 들어가는 지혜의 이치[入道智諦]를 잘 알며, 모든
보살의 지위가 차례로 성취하는 이치[一切菩薩地次第成就諦]
를 잘 알며, 내지 여래의 지혜가 성취하는 이치[如來智成
就諦]를 잘 아느니라."

세속이 그대로 진리라는 말은 세제世諦라고도 한다. '속'
은 속사俗事 또는 세속이란 뜻이며, '제'는 진실한 도리란 뜻
이다. 속인들이 아는 바 도리, 곧 세간 일반에서 인정하는 도
리를 말한다. 제일가는 뜻이라는 이치[第一義諦]란 진제眞諦라
고도 한다. 또는 성제聖諦 · 승의제勝義諦라고도 한다. 열반
· 진여 · 실상實相 · 중도中道 · 법계法界 · 진공眞空 등 깊고 묘
한 진리를 제일의제라 한다. 이 진리는 모든 법 가운데 제일

이라는 뜻이다. 제5지 보살은 이와 같은 것을 다 잘 알고, 나머지 형상의 이치와 차별의 이치와 성립의 이치와 사물의 이치와 생기는 이치와 다하여 생기지 않는 이치 등을 모두 잘 안다.


### 5) 아는 까닭을 밝히다

<ruby>此菩薩<rt>차 보 살</rt></ruby>이 <ruby>隨衆生心樂<rt>수 중 생 심 락</rt></ruby>하야 <ruby>令歡喜故<rt>영 환 희 고</rt></ruby>로 <ruby>知俗諦<rt>지 속 제</rt></ruby>하며 <ruby>通達一實相故<rt>통 달 일 실 상 고</rt></ruby>로 <ruby>知第一義諦<rt>지 제 일 의 제</rt></ruby>하며 <ruby>覺法自相共相故<rt>각 법 자 상 공 상 고</rt></ruby>로 <ruby>知相諦<rt>지 상 제</rt></ruby>하며 <ruby>了諸法分位差別故<rt>요 제 법 분 위 차 별 고</rt></ruby>로 <ruby>知差別諦<rt>지 차 별 제</rt></ruby>하며

"이 보살이 중생의 좋아하는 뜻을 따라서 환희케 하려고 세속의 이치를 알며, 하나의 실상을 통달하려고 제일가는 뜻이라는 이치를 알며, 법의 제 모양과 공통한 모양을 깨달으므로 모양의 이치를 알며, 모든 법의 지위[分位]의 차별을 앎으로 차별한 이치를 아느니라."

세상의 일을 알아야 중생을 환희하게 한다. 그래서 보살이 중생의 좋아하는 뜻을 따라서 환희케 하려고 세속의 이치를 안다고 한 것이다. 하나의 실상을 통달하는 것은 곧 진제며 제일의제다. 또 법의 자상自相이란 일체 법에서 다른 법과 공통하지 않고 그 자체만이 가지는 체상體相이다. 공상共相이란 여러 가지 것에 공통한 모양이다. 이를테면 낱낱 물건의 자체는 자상自相이고, 꽃이 푸르고 과일이 푸르고 옷 빛깔이 푸른 것은 자타가 공통하게 알고 있는 푸른빛이므로 공상共相이라고 할 수 있다. 이러한 것을 깨달으므로 모양의 이치[相諦]를 안다.

선 분 별 온 계 처 고　　지 성 립 제　　　각 신 심 고 뇌
**善分別蘊界處故**로 **知成立諦**하며 **覺身心苦惱**

고　　지 사 제
**故**로 **知事諦**하며

"온蘊과 계界와 처處를 잘 분별하므로 성립하는 이치를 알며, 몸과 마음의 괴로움을 깨달으므로 사물의 이치를 아느니라."

사람 삶의 모든 영역을 5온과 12처와 18계로써 정리한다. 이것을 삼과三科법문이라 한다. 일체 만법이 이 세 가지로 분류되기 때문이다. 이것을 잘 분별하므로 그것이 성립하는 이치를 아는 것이다. 또 몸과 마음의 괴로움을 깨달으므로 사물의 이치를 아는 것은 몸이든 마음이든 고통을 느끼는 것은 현상, 사물, 사상事狀의 이치를 아는 것이다. 만약 현상이 텅 비어 공적하다면 몸도 마음도 무슨 고통이 있겠는가.

각 제 취 생 상 속 고    지 생 제    일 체 열 뇌    필
**覺諸趣生相續故**로 **知生諦**하며 **一切熱惱**가 **畢**

경 멸 고    지 진 무 생 지 제
**竟滅故**로 **知盡無生智諦**하며

"여러 갈래로 태어나는 것이 서로 계속함을 깨달으므로 생기는 이치를 알며, 모든 뜨겁던 번뇌가 필경에 소멸하므로 다하여 생기지 않는 지혜의 이치를 아느니라."

지구가 생긴 이래 열기가 식고 비가 오고 습기가 모이면서 물이 고여 미물이 탄생하였다. 시간이 흐르면서 여러 생명체가 진화하고 발전하여 오늘의 이와 같은 여러 갈래의 생명이 있게 되었다. 그와 같은 사실을 깨달으므로 생명이 생기는 이치를 안다. 또 인간의 번뇌의 열기가 아무리 뜨겁더라도 결국에는 다 소멸하고 만다. 이러한 사실에서 본래로 생기지 않는 지혜의 이치를 안다.

出生無二故로 知入道智諦하며 正覺一切行相

故로 善知一切菩薩地次第相續成就와 乃至如

來智成就諦니 以信解智力으로 知언정 非以究竟智

力으로 知니라

"둘이 없는 데서 출생하므로 도道에 들어가는 지혜의 이치를 알며, 모든 행상行相을 바로 깨달으므로 모든 보

살의 지위가 차례로 상속하여 성취하고 내지 여래의 지
혜가 성취하는 이치를 잘 아느니라. 그것은 믿고 이해
하는 지혜의 힘으로 아는 것이고, 끝까지 이른 지혜의
힘으로 아는 것은 아니니라."

둘이 없다는 것[無二]은 곧 불이[不二]이다. 현상은 각각 차
별하여 천태만상으로 나타나지만 그 근본은 둘이 없는 데서
출발하였다. 이와 같은 이치를 아는 것이 곧 도에 들어가는
지혜의 이치다. 불교의 교법에는 교리행상이 대단히 많다.
그것을 바로 깨달음으로써 십신과 십주와 십행과 십회향과
십지 등 일체 보살의 지위 차제가 상속하여 성취되고 나아가
서 여래의 지혜를 성취하는 이치를 잘 아는 것이다. 그러나
그것은 믿고 이해하는 지혜의 힘으로 아는 것이고 끝까지
이른 지혜의 힘, 즉 부처님의 깨달음에 의해서 아는 것은 아
니다.

## 6) 중생을 위한 보살의 방편

불자   차보살마하살   득여시제제지이     여
佛子야 此菩薩摩訶薩이 得如是諸諦智已에 如

실지일체유위법   허망사위     광혹우부
實知一切有爲法이 虛妄詐僞하야 誑惑愚夫하고

보살   이시   어제중생   전증대비     생대자
菩薩이 爾時에 於諸衆生에 轉增大悲하야 生大慈

광명
光明이니라

"불자여, 이 보살마하살이 이와 같은 여러 가지 이치
를 아는 지혜를 얻고는, 일체 유위의 법이 허망하고 거
짓으로 어리석은 사람을 속이는 줄을 실상實相대로 아나
니, 보살이 이때에 모든 중생들에게 대비심이 점점 더
하여 큰 사랑의 광명을 내느니라."

보살은 세상에 여러 가지의 이치[諦]가 있음을 안다. 그런
데 일체 중생들은 유위의 법이 허망하고 거짓이어서 어리석
은 사람들을 속인다는 사실을 알지 못한다. 실은 유위의 법
이 속이려고 해서 속이는 것이 아니라 중생들이 허망한 것을

실재한다고 잘못 알아 속고 있는 것이다. 이러한 사실 때문에 보살은 중생을 위해서 대비심이 점점 더하여 큰 사랑의 광명을 내는 것이다.

불자야 此菩薩摩訶薩이 得如是智力에 不捨一切衆生하고 常求佛智하야 如實觀一切有爲行의 前際後際하야

"불자여, 이 보살마하살이 이와 같은 지혜의 힘을 얻고는 일체 중생을 버리지 아니하고 부처님의 지혜를 항상 구하여 일체 유위행의 지난 때와 오는 때를 실상대로 관찰하느니라."

보살이 갖는 보리심은 곧 불심이며, 불심은 곧 지혜와 자비의 마음이다. 보살은 이러한 힘으로 일체 중생을 버리지 아니하고 항상 지혜를 구하여 일체 유위의 행에 대해서 과거

와 미래라는 시간의 문제를 여실히 관찰한다.


지종전제무명유애고　생　생사유전
**知從前際無明有愛故**로 **生**하야 **生死流轉**하며

어제온택　불능동출　증장고취　무아무수
**於諸蘊宅**에 **不能動出**하며 **增長苦聚**호미 **無我無壽**

자　무양육자　무갱수취후취신자　이아
**者**하며 **無養育者**하며 **無更數取後趣身者**하야 **離我**

아소
**我所**하나니라

"지난 때[前際]의 무명으로부터 애착함이 있음을 아는 까닭에 나[生]는 일이 있으며, 생사를 헤매면서 오온이라는 집에서 헤어나지 못하고 고통의 무더기가 증장하였으며, 나도 없고[無我] 오래 사는 이도 없고[無壽者] 길러 주는 이도 없으며, 다시 뒷갈래[後趣]의 몸을 자주자주 받을 이도 없어, 나와 내 것을 여읜 줄을 아느니라."

보살이 중생들의 일체 유위의 행을 여실히 관찰해 보니, 지난 때의 무명과 애착으로 생사에 흘러 다니면서 오온이라

는 집에서 헤어나지 못하고 고통의 무더기가 증장하여 나도 없고, 오래 사는 이도 없고, 길러 주는 이도 없다. 그뿐만 아니라 앞으로 올 세상에서의 뒷갈래[後趣]의 몸을 자주자주 받을 이도 없어 나와 내 것을 여읜 줄을 안다. 보살은 중생의 이와 같은 현 실상을 환하게 알고는 그에 따라 방편으로 제도한다.

如前際하야 後際도 亦如是하야 皆無所有라 虛
妄貪着을 斷盡出離하야 若有若無를 皆如實知니라

"지난 때와 같이 오는 때도 또한 그와 같아서 아무것도 없는데, 허망하게 탐착하고 집착함을 끊어 버리면 벗어나게 되어 있거나 없거나를 모두 사실대로 아느니라."

또 보살은 중생이 과거나 미래에 대해서 허망하게 탐착하고 집착함을 끊어 버리면 일체 유위의 법에서 벗어나게 되고, 또 과거나 미래가 있든 없든 역시 다 벗어나게 됨을 안다. 요컨대 일체 유위의 법에서 다 벗어나게 되면 지금까지 어떻게 살아왔든 또 어떻게 살아가든 그것은 이미 유위로서 존재하는 것이 아니다. 그래서 일체 거론의 여지가 없는 것이다.

불자　차 보 살 마 하 살　부 작 시 념　　차 제 범
佛子야 此菩薩摩訶薩이 復作是念호대 此諸凡

부　우 치 무 지　심 위 가 민　　유 무 수 신　　이
夫가 愚癡無智하니 甚爲可愍이로다 有無數身하야 已

멸 금 멸 당 멸　　여 시 진 멸　　불 능 어 신　이 생
滅今滅當滅이니 如是盡滅이어늘 不能於身에 而生

염 상　　전 갱 증 장 기 관 고 사　수 생 사 류　　불
厭想하고 轉更增長機關苦事하야 隨生死流하야 不

능 환 반
能還返하며

"불자여, 이 보살마하살이 또 이렇게 생각하기를, '이 모든 범부들이 어리석고 지혜가 없으니 매우 딱하도다. 무수한 몸이 이미 없어졌고, 지금 없어지고, 장차 없어질 것이며, 이렇게 끝까지 없어지건마는, 몸에 대

하여 싫증을 내지 않고 기계적으로 받는 고통만 더욱 증장하여 생사를 헤매면서 돌아올 줄을 모르는구나.' 라고 하느니라."

보살이 중생들의 안타까운 현실을 밝히고 있다. "세세생생 살아오면서 무수한 몸이 이미 없어졌고, 지금 없어지고, 장차 없어질 것이며, 이렇게 끝까지 없어지건만 몸에 대하여 싫증을 내지 않고, 기계적으로 받는 고통만 더욱 증장하여 생사를 헤매면서 돌아올 줄을 모르는구나."라고 하였다.

어 제 온 택　　불 구 출 리　　부 지 우 외 사 대 독 사
**於諸蘊宅**에 **不求出離**하며 **不知憂畏四大毒蛇**

불 능 발 출 제 만 견 전　　불 능 식 멸 탐 에 치 화
하며 **不能拔出諸慢見箭**하며 **不能息滅貪恚癡火**하며

"'오온의 굴레에서 벗어나기를 구하지 아니하며, 네 마리 독사가 무서운 줄을 알지 못하고, 교만과 잘못된 소견의 화살을 뽑지 못하며, 탐욕과 분노와 어리석음의 불을 끄지 못하며'

또한 중생들은 오온을 참다운 자기라고 생각한다. 지수화풍 사대로 이뤄진 몸뚱이가 참생명을 앗아가는 독사이건만 그 사실을 모른다. 또 교만을 없애지 못하고, 잘못된 소견의 화살을 뽑지 못한다. 잘못된 소견이란 일체 유위의 법은 꿈과 같고, 환영과 같고, 물거품과 같고, 그림자와 같고, 이슬과 같고, 번갯불과 같이 무상하건만 그것들을 영원한 것으로 믿어 집착하는 견해이다. 이와 같은 소견의 화살을 한 번 맞으면 그 독에 결국 죽고 만다. 삿된 견해가 자라나서 탐욕과 분노와 어리석음의 불길이 되고 그 불길을 끄지 못하고 결국 그것에 타서 죽고 마는 것이다.

불능파괴무명흑암
不能破壞無明黑闇하며

불능건갈애욕대해
不能乾竭愛欲大海하며

불구십력대성도사
不求十力大聖導師하고

입마의조림
入魔意稠林하야

어생사
於生死

해중
海中에

위각관파도지소표익
爲覺觀波濤之所漂溺이니라

'무명의 어둠을 깨뜨리지 못하고, 애욕愛欲의 큰 바

다를 말려 버리지 못하고, 열 가지 힘을 가진 큰 성인
도사를 구할 줄 모르고, 마군 같은 생각의 숲 속에 들어
가서 나고 죽는 바다에서 느끼고 관찰하는 파도[覺觀波濤]
에 휩쓸리는구나.' 라고 하느니라."

끝내 무명의 어둠과 애욕의 큰 바다에 허덕이면서 큰 성
인의 가르침을 구하지 않고, 마군 같은 생각의 숲 속에 들어
가서 나고 죽는 바다에서 느끼고 관찰하는 파도에 휩쓸리면
서 그것을 인생이라고 여기며 살아간다. 보살은 중생을 이
와 같이 본다.

불자  차 보 살 마 하 살  부 작 시 념    차 제 중
**佛子**야 **此菩薩摩訶薩**이 **復作是念**호대 **此諸衆**

생  수 여 시 고    고 궁 곤 박    무 구 무 의    무
**生**이 **受如是苦**하야 **孤窮困迫**하야 **無救無依**하며 **無**

주 무 사    무 도 무 목    무 명 부 예    흑 암 전 리
**洲無舍**하며 **無導無目**하며 **無明覆翳**하고 **黑闇纏裏**

하니

"불자여, 이 보살마하살이 또 생각하기를 '이 중생들이 이런 고통을 받으며 고독하고 곤궁하지만 구제할 이도 없고 의지할 데도 없고, 쉴 곳[洲]도 없고 집도 없고, 인도할 이도 없고 눈도 없어서 무명에 덮이고 어둠에 싸여 있도다.'라고 하느니라."

보살들이 바라보는 중생들의 처지를 거듭 밝혔다. "고독하고 곤궁하지만 구제할 이도 없고 의지할 데도 없고, 편히 쉴 만한 곳도 없고 집도 없고, 인도할 이도 없고 눈도 없어서 무명에 덮이고 어둠에 싸여 있다."

아 금 위 피 일 체 중 생       수 행 복 지 조 도 지 법
我今爲彼一切衆生하야 修行福智助道之法하야

독 일 발 심       불 구 반 려       이 시 공 덕       영 제 중
獨一發心하고 不求伴侶하야 以是功德으로 令諸衆

생       필 경 청 정       내 지 획 득 여 래 십 력 무 애 지
生으로 畢竟淸淨하며 乃至獲得如來十力無礙智

혜
慧케호리라하나니라

"'내가 이제 저 일체 중생을 위하여 복과 지혜로 도를 돕는 법을 수행하되 혼자서 발심하고 동무를 구하지 아니할 것이며, 이 공덕으로 여러 중생으로 하여금 필경까지 청정케 하며, 내지 여래의 열 가지 힘과 걸림 없는 지혜를 얻게 하리라.' 라고 하느니라."

보살은 중생들의 처지를 이와 같이 알고 그들을 구제하려고 마음을 낸다. "복과 지혜로 도를 돕는 법을 수행하되, 혼자서 발심하고 동무를 구하지 아니할 것"이라고 한다. 세상에 그 누가 도와주지 않고, 알아주지 않고, 눈여겨보지 않더라도 오직 나 혼자만이라도 결코 중생들을 외면하지 않으리라는 결심이다. 이와 같은 서원이 있어야 비로소 보살이다.


## 7) 일체 중생의 교화

불 자　차 보 살 마 하 살　이 여 시 지 혜 관 찰　소
佛子야 此菩薩摩訶薩이 以如是智慧觀察로 所

수선근    개 위구호일체중생    이익일체중생
修善根은 皆爲求護一切衆生하며 利益一切衆生

　　안락일체중생　　애민일체중생　　성취일
하며 安樂一切衆生하며 哀愍一切衆生하며 成就一

체 중 생
切衆生하며

"불자여, 이 보살마하살이 이와 같이 지혜로 관찰하
며 닦는 선근은 모두 일체 중생을 구호하며, 일체 중생
을 이익케 하며, 일체 중생을 안락케 하며, 일체 중생을
불쌍히 여기며, 일체 중생을 성취하게 하려는 것이니라."

보살이 하는 일, 즉 지혜를 닦는 일이나 선근을 닦는 일
이나 그 모든 것은 오직 일체 중생을 구호하고 이익하게 하
고 안락하게 하고 불쌍히 여기고 성취하게 하려고 하는 일
이다. 비록 큰 보살은 아니더라도 모든 불자들은 처음부터
이와 같은 목적으로 불교를 믿고 불교를 공부하는 것이 되
어야 한다.

해탈일체중생　　섭수일체중생　　영일체
解脫一切眾生하며 攝受一切眾生하며 令一切

중생　　이제고뇌　　영일체중생　　보득청정
眾生으로 離諸苦惱하며 令一切眾生으로 普得淸淨

　영일체중생　　실개조복　　영일체중생
하며 令一切眾生으로 悉皆調伏하며 令一切眾生으로

입반열반
入般涅槃이니라

　"일체 중생을 해탈케 하며, 일체 중생을 거두어 주기
위한 것이며, 일체 중생으로 하여금 시끄러운 괴로움을
여의게 하며, 일체 중생으로 하여금 청정함을 얻게 하
며, 일체 중생으로 하여금 모두 조복케 하며, 일체 중생
으로 하여금 열반에 들게 하려는 것이니라."

　또한 일체 중생을 해탈케 하며 섭수하며 모든 고통을 떠
나게 하며 청정을 얻게 하며 조복하게 하며 끝내는 열반에
들게 하는 것이다. 중생을 위한 것이 아니라면 불교는 세상
에 존재할 이유가 없다.

## 8) 제5지에 머무는 보살의 수행과 명칭

불자야 보살마하살이 住此第五難勝地에 名爲
佛子야 菩薩摩訶薩이 住此第五難勝地에 名爲

염자니 불망제법고며 명위지자니 능선결료고며
念者니 不忘諸法故며 名爲智者니 能善決了故며

명위유취자니 지경의취차제연합고며 명위참
名爲有趣者니 知經意趣次第連合故며 名爲慚

괴자니 자호호타고며 명위견고자니 불사계행고며
愧者니 自護護他故며 名爲堅固者니 不捨戒行故며

"불자여, 보살마하살이 이 제5 난승지에 머물면 '생각하는 이'라 이름하나니 모든 법을 잊지 않는 연고며, '지혜 있는 이'라 하나니 분명하게 아는 연고며, '거취가 있는 이'라 하나니 경의 이치를 알아서 차례로 연합하는 연고며, '부끄러움을 아는 이'라 하나니 스스로 보호하고 남을 보호하는 연고며, '견고한 이'라 하나니 계행戒行을 버리지 않는 연고이니라."

제5 난승지에 머무는 보살은 이름도 많다. '생각하는 이', '지혜 있는 이', '거취가 있는 이', '부끄러움을 아는 이', '견고

한 이' 등이라 한다. 이와 같은 이름을 얻게 된 이유가 모두
다 훌륭하다.


명위각자　능관시처비처고　명위수지자
名爲覺者니 能觀是處非處故며 名爲隨智者니

불수어타고　명위수혜자　선지의비의구차
不隨於他故며 名爲隨慧者니 善知義非義句差

별고　명위신통자　선수선정고　명위방편선
別故며 名爲神通者니 善修禪定故며 名爲方便善

교자　능수세행고
巧者니 能隨世行故며

"'깨달은 이'라 하나니 옳은 곳과 그른 곳을 관찰하
는 연고며, '슬기를 따르는 이'라 하나니 다른 것을 따
르지 않는 연고며, '지혜를 따르는 이'라 하나니 이치
에 맞고 맞지 않는 말의 차별을 잘 아는 연고며, '신
통 있는 이'라 하나니 선정을 잘 닦는 연고며, '교묘
한 방편이 있는 이'라 하나니 세상을 따라 행하는 연고
이니라."

명위무염족자　선집복덕고　　명위불휴식자
**名爲無厭足者**니 **善集福德故**며 **名爲不休息者**

상구지혜고　　명위불피권자　집대자비고
니 **常求智慧故**며 **名爲不疲倦者**니 **集大慈悲故**며

명위위타근수자　욕령일체중생　　입열반고
**名爲爲他勤修者**니 **欲令一切衆生**으로 **入涅槃故**며

명위근구불해자　구여래력무외불공법고
**名爲勤求不懈者**니 **求如來力無畏不共法故**며

"'만족함이 없는 이'라 하나니 복덕을 잘 모으는 연고며, '쉬지 않는 이'라 하나니 항상 지혜를 구하는 연고며, '고달프지 않은 이'라 하나니 대자비를 모으는 연고며, '남을 위하여 부지런히 수행하는 이'라 하나니 일체 중생을 열반에 들게 하려는 연고며, '부지런히 구하고 게으르지 않은 이'라 하나니 여래의 힘과 두려움 없음과 함께하지 않는 법을 구하는 연고이니라."

명위발의능행자　성취장엄불토고　　명위근
**名爲發意能行者**니 **成就莊嚴佛土故**며 **名爲勤**

수종종선업자　능구족상호고　명위상근수습
修種種善業者니 能具足相好故며 名爲常勤修習

자　구장엄불신어의고　명위대존중공경법
者니 求莊嚴佛身語意故며 名爲大尊重恭敬法

자　어일체보살법사처　여교이행고
者니 於一切菩薩法師處에 如敎而行故며

"'뜻을 내고 능히 행하는 이'라 하나니 부처님 세계의 장엄함을 성취하는 연고며, '여러 가지 선한 업을 부지런히 닦는 이'라 하나니 상호를 구족하는 연고며, '항상 부지런히 수행하는 이'라 하나니 부처님의 몸과 말과 뜻을 장엄하기를 구하는 연고며, '법을 크게 존중하고 존경하는 이'라 하나니 일체 보살과 법사가 가르치는 대로 행하는 연고이니라."

명위심무장애자　이대방편　　상행세간고
名爲心無障礙者니 以大方便으로 常行世間故며

명위일야원리여심자　상락교화일체중생고
名爲日夜遠離餘心者니 常樂敎化一切衆生故니라

"'마음에 장애가 없는 이'라 하나니 큰 방편으로 세

간에 항상 다니는 연고며, '밤낮으로 다른 마음을 여의는 이'라 하나니 일체 중생을 교화하기를 항상 좋아하는 연고이니라."

이와 같이 제5 난승지에 머무는 보살은 많고 많은 이름을 얻는다. 어찌 경문에서 소개한 이름뿐이겠는가. 펼치면 얼마든지 있을 수 있을 것이다. 우리들 모든 불자도 이와 같아야 한다.

### 9) 중생을 교화하는 방편

불자야 보살마하살이 여시근수행시에 이보시로
佛子야 菩薩摩訶薩이 如是勤修行時에 以布施로

교화중생하며 이애어이행동사로 교화중생하나니
教化衆生하며 以愛語利行同事로 教化衆生하나니

"불자여, 보살마하살이 이와 같이 부지런히 행할 때에 보시함으로써 중생을 교화하며, 좋은 말과 이익한 행과 일을 함께함으로써 중생을 교화하느니라."

중생을 교화하는 방편으로 먼저 사섭법을 들었다. 십바라밀과 사무량심과 십선과 인의예지 등 중생을 교화하는 방법은 여러 가지가 있지만 가장 간략하고 반드시 필요한 방법이다. 보시와 애어와 이행과 동사, 이 얼마나 아름다운 보살행인가.

시현색신            교화중생            연설제법            교화
示現色身하야 敎化衆生하며 演說諸法하야 敎化

중생            개시보살행            교화중생            현시여래
衆生하며 開示菩薩行하야 敎化衆生하며 顯示如來

대위력            교화중생
大威力하야 敎化衆生하며

"색신을 나타내어 중생을 교화하며, 법을 연설하여 중생을 교화하며, 보살의 행을 보여서 중생을 교화하며, 여래의 큰 위력을 나타내 보여서 중생을 교화하느니라."

다음으로 훌륭한 방편으로는 법을 연설하여 중생을 교

화하고 보살의 행을 보여서 중생을 교화하는 것이다. 사바
세계는 음성교체音聲敎體라고 하였다. 부처님의 가르침을 말
씀으로 잘 연설하여 중생을 교화하는 것이다. 거기에 보살
행은 반드시 따라야 한다. 만약 보살행이 빠진 설법이라면
그것은 온전한 설법이 아니다.


시 생 사 과 환          교 화 중 생          칭 찬 여 래 지 혜
示生死過患하야 教化衆生하며 稱讚如來智慧

이 익          교 화 중 생          현 대 신 통 력          교 화 중 생
利益하야 教化衆生하며 現大神通力하야 教化衆生

       이 종 종 방 편 행          교 화 중 생
하며 以種種方便行으로 教化衆生이니라

"나고 죽는 허물을 보여서 중생을 교화하며, 여래의
지혜와 이익을 칭찬하여 중생을 교화하며, 큰 신통력을
나타내어 중생을 교화하며, 여러 가지 방편의 행으로
중생을 교화하느니라."


중생을 교화하는 데 늙고 병들고 죽는 일이 가장 크고 확

실한 선지식이며 가르침이다. 석가 세존도 늙고 병들고 죽는 것을 보고 발심하여 출가하였다고 하였다. 여래의 지혜와 이익을 칭찬하는 것도 중요하다. 부처님의 위대함을 잘 설명하고 찬탄함으로 신심을 불러일으킬 수 있기 때문이다. "수행의 결과를 들어 즐거운 일이라고 하여 믿음을 내게 하는 것[擧果勸樂生信]"이 그것이다. 또 말세의 강강한 중생에게 초인적인 신통을 보여서 발심하게 할 수 있다면 그 방법이 가장 효과적일 것이어서 가끔 엉뚱한 상상을 해 보기도 한다.

불자    차 보살 마 하 살    능 여 시 근 방 편       교
佛子야 此菩薩摩訶薩이 能如是勤方便으로 教

화 중 생    심 항 상 속    취 불 지 혜    소 작 선 근
化衆生하야 心恒相續하며 趣佛智慧하며 所作善根이

무 유 퇴 전    상 근 수 학 수 승 행 법
無有退轉하며 常勤修學殊勝行法이니라

"불자여, 이 보살마하살이 이와 같이 부지런한 방편으로 중생을 교화하는데 마음이 항상 서로 계속하여 부

처님의 지혜에 나아가며, 짓는 선근이 퇴전하지 아니하며, 수승하게 행하는 법을 부지런히 배우느니라."

제5 난승지에 머문 보살은 위와 같은 부지런한 방편으로 중생을 교화하는데 마음이 항상 상속하여 궁극에는 부처님의 지혜에 나아가게 한다. 또 선근을 닦는 일에 결코 퇴전하지 않는다. 어떤 보살이든 선근을 닦는 일에 퇴전은 있을 수 없다. 선근을 닦는 일이 보살의 영원한 삶이기 때문이다.

### 10) 세간의 중생을 수순하는 지혜

불자 차보살마하살 위이익중생고 세간
**佛子**야 **此菩薩摩訶薩**이 **爲利益衆生故**로 **世間**

기예 미불해습 소위문자산수 도서인새
**技藝**를 **靡不該習**하나니 **所謂文字算數**와 **圖書印璽**

지수화풍 종종제론 함소통달
와 **地水火風**과 **種種諸論**을 **咸所通達**이며

"불자여, 이 보살마하살이 중생을 이익되게 하기 위

하여 세간의 기예를 모두 익히느니라. 이른바 문자와 산수와 그림과 서적과 인장과 지대, 수대, 화대, 풍대와 갖가지 온갖 이론을 모두 통달하느니라."

제5 난승지에 머문 보살은 중생을 이익하게 하는 일이라면 무엇이든 다 한다. 그래서 세속의 온갖 기술과 학문과 예능 등에 통달하지 않은 것이 없다. 불자로서 불교 이외의 것에 통달한 것이 있다면 오로지 중생들의 이익을 위한 것이어야 한다. 만약 중생의 이익을 위하지 않고 자신의 사리사욕을 위한 것이라면 해서는 안 되는 일이다. 흔히 출가 수행자 중에 그림이나 글씨나 전각이나 다도나 사진과 같은 것을 전문으로 하는 사람이 있다. 참으로 중생들의 이익을 위한 것인지 잘 살펴봐야 할 것이다.

우선 방약 요치 제병 전광건소 귀매
又善方藥하야 療治諸病호대 癲狂乾痟와 鬼魅

고독 실능제단
蠱毒을 悉能除斷하며

"또 약과 방문을 잘 알아서 여러 가지 병을 치료하되 간질과 미친 증세와 소갈병과 귀신이 지피고 도깨비에 놀라고 모든 방자와 저주를 다 능히 없애느니라."

또 한의학을 공부하고 침술을 익히고 약을 제조하여 중생들의 병을 치료하기도 한다. 온갖 방법으로 간질과 미친 증세와 소갈병과 귀신이 지피고 도깨비에 놀라는 병자들을 치료하기도 한다. 이 역시 중생들의 이익을 위해서 하는 것인지를 면밀히 검토해 보아야 한다.


문필찬영      가무기악      희소담설      실선기
文筆讚詠과 歌舞妓樂과 戲笑談說을 悉善其

사
事하며

"문장과 글씨와 시와 노래와 춤과 풍악과 연예와 웃음거리와 고담과 재담 따위를 모두 잘하느니라."

문학을 하고 글씨를 쓰고 노래를 부르고 춤을 추고 악기

를 다루고 연예 활동을 하고 만담이나 웃음거리와 같은 것을 익히기도 한다. 이것도 역시 중생들의 이익을 위한 것인지 자신의 인기나 이익을 위한 것인지를 냉정하게 판단하여야 한다.


국성촌읍　궁택원원　천류피지　초수화
**國城村邑**과 **宮宅園苑**과 **泉流陂池**와 **草樹華**
약　범소포열　함득기의
**藥**의 **凡所布列**을 **咸得其宜**하며

"나라와 성시城市와 촌락과 궁전과 가옥과 원림과 샘과 못과 풀과 나무와 꽃과 약초들을 설계하고 가꾸는데 모두 그 마땅함을 얻느니라."


또 도시를 설계하고 집이나 정원을 설계하고 하천을 관리하고 방파제나 연못을 만들고 정원수를 가꾸고 화훼나 약초를 가꾸는 일 등도 모두 중생의 이익을 위한 것인지 살펴야 한다. 중생의 이익을 위한 것이라면 해도 되지만 자신의 명예나 이익을 위한 것이라면 해서는 안 되는 일이다.

금 은 마 니　　진 주 유 리　　나 패 벽 옥　　산 호 등 장
金銀摩尼와 眞珠瑠璃와 螺貝璧玉과 珊瑚等藏

실 지 기 처　　출 이 시 인
을 悉知其處하야 出以示人하며

"금, 은, 마니, 진주, 유리, 보패, 옥, 보석, 산호 등이
묻혀 있는 데를 다 알고 파내어 사람들에게 보이느니라."

심지어는 광물이 묻혀 있는 데를 알아내고, 수맥을 찾고,
음식이나 사물의 기운을 점검하는 출가인도 있는데 이 역시
중생의 이익을 위한 것이라면 보살정신으로 할 수도 있는 일
이다.

일 월 성 수　　조 명 지 진　　야 몽 길 흉　　신 상 휴 구
日月星宿와 鳥鳴地震과 夜夢吉凶과 身相休咎를

함 선 관 찰　　일 무 착 류
咸善觀察하야 一無錯謬하며

"일월성신이나, 새가 울고 천둥 치고 지진 일고, 꿈
의 길하고 흉한 것이나, 관상과 신수가 좋고 나쁜 것을

잘 관찰하여 조금도 틀리지 아니하느니라."

　또 보살은 중생들의 이익을 위해서라면 별을 점치고, 지진이 일어남을 예언하고, 꿈의 길흉을 알고, 관상과 사주도 본다. 모두가 세속의 뜻 있는 선비도 하지 않는 일이지만 자비심이 농후한 보살은 자신의 모양새가 망가지더라도 중생들의 이익을 위해서라면 할 수 있다. 일체가 보살의 중생을 위한 눈물겨운 자비행이다. 비불교적인 일들도 보살의 중생을 위한 자비에 의하여 모두 불법으로 회향하게 되는 길을 보였다.

지계입선　신통무량　사무색등　급여일
**持戒入禪**과 **神通無量**과 **四無色等**과 **及餘一**

체세간지사　단어중생　불위손뇌　위이익
**切世間之事**를 **但於衆生**에 **不爲損惱**하고 **爲利益**

고　함실개시　점령안주무상불법
**故**로 **咸悉開示**하야 **漸令安住無上佛法**이니라

　"계행을 가지고 선정에 들고, 신통의 도술과 네 가지

한량없는 마음과 네 가지 무색정無色定과 그 외 여러 가지 세간의 일로서 다만 중생을 해롭게 하지 않고 이익되게 하는 일이면 모두 열어 보여서 점점 가장 높은 불법에 머물게 하느니라."

끝으로 불교적인 내용을 들었다. 이와 같은 불법과 기타 일체 세간의 일로서 다만 중생을 해롭게 하지 않고 이익되게 하는 일이면 무엇이든 열어 보여서 궁극에는 점점 가장 높은 불법에 머물게 한다. 건전한 불법의 정신을 굳게 지키는 보살이라면 비록 세상의 일을 하더라도 이와 같이 회향해야 한다.

### 11) 제5 난승지에 머문 공과功果

(1) 조화롭고 유연한 공과

1〉 법을 보이다

| 불자 | 보살 | 주시난승지 | 이원력고 | 득견 |
|---|---|---|---|---|
| 佛子야 | 菩薩이 | 住是難勝地에 | 以願力故로 | 得見 |

다불 　　　소위견다백불 　　견다천불 　　견다
多佛하나니 所謂見多百佛하며 見多千佛하며 見多

백천불 　　내지견다백천억나유타불 　　실개
百千佛하며 乃至見多百千億那由他佛하야 悉皆

공경존중 　　승사공양 　　의복음식 　와구탕
恭敬尊重하고 承事供養호대 衣服飮食과 臥具湯

약 　일체자생 　실이봉시
藥과 一切資生을 悉以奉施하며

"불자여, 보살이 이 난승지에 머물고는 서원하는 힘
으로 많은 부처님을 보게 되느니라. 이른바 여러 백 부
처님을 보며, 여러 천 부처님을 보며, 여러 백천 부처님
을 보며, 내지 여러 백천억 나유타 부처님을 보는데, 모
두 공경하고 존중하고 받들어 섬기고 공양하며, 의복과
음식과 이부자리와 탕약과 모든 생활용품을 받들어 이
바지하느니라."

제5 난승지에 머문 보살의 공과를 밝혔다. 먼저 조화롭
고 유연한 공과다. 많은 부처님을 보게 되는데 여러 백천억
나유타 부처님을 보고, 모두 공경하고 존중하고 받들어 섬

기고 공양하며, 의복과 음식과 이부자리와 탕약과 모든 생활용품을 받들어 이바지한다. 수많은 부처님을 보고 공양하여 이바지한다는 것은 수행이 높아야 가능하다는 것을 잊지 않게 한다.


역 이 공 양 일 체 중 승     이 차 선 근     회 향 아
**亦以供養一切衆僧**하야 **以此善根**으로 **廻向阿**

녹 다 라 삼 먁 삼 보 리     어 제 불 소     공 경 청 법
**耨多羅三藐三菩提**하며 **於諸佛所**에 **恭敬聽法**하고

문 이 수 지     수 력 수 행
**聞已受持**하야 **隨力修行**하며

"또한 모든 스님들께도 공양하고, 이 선근으로 아뇩다라삼먁삼보리에 회향하며, 모든 부처님 계신 데서 공경하여 법을 듣고, 듣고 나서는 받아 지니며 힘을 따라 수행하느니라."


또한 모든 스님들께도 공양하고, 이 선근으로 가장 높은 깨달음에 회향하게 된다. 모든 부처님으로부터 공경히 법을

들고 받아 가지며 힘을 따라 수행하게 된다.

<br/>

부 어 피 제 불 법 중　이 득 출 가　기 출 가 이
復於彼諸佛法中에 而得出家하야 旣出家已에

우 갱 문 법　득 다 라 니　위 문 지 법 사　주 차
又更聞法하고 得陀羅尼하야 爲聞持法師하야 住此

지 중　경 어 백 겁　경 어 천 겁　내 지 무 량 백 천
地中하야 經於百劫하며 經於千劫과 乃至無量百千

억 나 유 타 겁　소 유 선 근　전 갱 명 정
億那由他劫하야 所有善根이 轉更明淨하나니라

"다시 저 모든 부처님의 법에서 출가하고, 출가하고
는 또 법을 듣고 다라니를 얻어서 듣고 지니는 법사가
되어 이 지위에 있으면서 백 겁을 지내고, 천 겁과 내지
한량없는 백천억 나유타 겁을 지내면서 닦은 선근이 점
점 더 밝고 청정하니라."

제5 난승지에 머문 보살의 공과로 출가하여 법문을 듣고
모든 법문을 다 기억하여 가지는 총지를 얻은 법사가 된다.

그러고는 한량없는 백천억 나유타 겁을 지내면서 닦은 선근이 점점 더 밝고 청정하여진다.


### 2〉 비유로 밝히다

佛子야 譬如眞金이 以硨磲磨瑩에 轉更明淨인

此地菩薩의 所有善根도 亦復如是하야 以方

便慧로 思惟觀察에 轉更明淨이니라 佛子야 菩薩이

住此難勝地하야 以方便智로 成就功德에 下地善

根의 所不能及이니

"불자여, 마치 진금을 자거로써 갈고 닦으면 더욱 밝고 깨끗해지는 것과 같으니라. 이 지위에 있는 보살의 선근도 이와 같아서 방편과 지혜로 생각하고 관찰하므로 더욱 밝고 깨끗해지느니라. 불자여, 보살이 이 난승지에 있으면서 방편과 지혜로 성취한 공덕은 아래 지위의 선근으로는 미칠 수 없느니라.”

보살의 수행이 차츰차츰 발전하고 앞으로앞으로 더 나아가는 것이 마치 진금을 단련하면 더욱 더 밝고 깨끗해지는 것과 같다. 일반적인 예능이나 운동이나 기술이나 학문도 그와 같다. 보살이 선근을 닦고 사유하고 관찰하는 것도 차츰차츰 더 밝고 청정해진다.

佛子야 如日月星宿宮殿光明이 風力所持로 不可沮壞며 亦非餘風의 所能傾動인달하야 此地菩薩의 所有善根도 亦復如是하야 以方便智로 隨逐觀察에 不可沮壞며 亦非一切聲聞獨覺世間善根의 所能傾動이니라

"불자여, 마치 해나 달이나 별들의 궁전의 광명은 바람의 힘으로 유지되는 것이어서 저해할 수 없으며, 또한 다른 바람으로도 동요시킬 수 없는 것처럼, 이 보살이 가진 선근도 그와 같아서 방편과 지혜로 따르면서 관찰하는 것이므로 저해할 수 없느니라. 모든 성문이나 독각이나 세간의 선근으로는 움직일 수 없느니라."

비유이기는 하지만 태양과 달과 별들이 바람의 힘으로 유지된다고 하였다. 지금의 과학적 표현으로는 무엇이라고 하든 같은 뜻이다. 아무튼 태양과 달과 별들을 그렇게 유지하게 하는 힘이다. 보살의 선근도 그와 같아서 방편과 지혜로 따르면서 관찰하는 것이므로 다른 무엇이 결코 저해할 수 없다. 모든 성문이나 독각이나 세간의 선근으로는 보살의 선근을 움직일 수 없다.


### 3〉 제5지와 십바라밀

차 보 살     십 바 라 밀 중     선 바 라 밀     편 다
**此菩薩**이 **十波羅蜜中**에 **禪波羅蜜**이 **偏多**하니

여 비 불 수 　　　 단 수 력 수 분 　　　 불 자 　 시 명 약 설
餘非不修로대 但隨力隨分이니라 佛子야 是名略說

보 살 마 하 살 　 제 오 난 승 지
菩薩摩訶薩의 第五難勝地니라

"이 보살이 십바라밀 중에는 선정바라밀이 치우쳐
많으니라. 다른 것을 닦지 않는 것은 아니지마는 다만
힘을 따르고 분한을 따를 뿐이니라. 불자여, 이것이 보
살마하살의 제5 난승지를 간략하게 설한 것이니라."

제5 난승지와 십바라밀의 관계에서는 선정바라밀을 다
른 어떤 바라밀보다 훨씬 많이 닦는다. 그 외의 바라밀은 그
때그때의 힘을 따르고 인연을 따라서 수행한다.

(2) 과보를 거두는 공과

보 살 　 주 차 지 　 다 작 도 솔 타 천 왕 　　 어 제 중
菩薩이 住此地에 多作兜率陀天王하야 於諸衆

생 　 소 작 자 재 　　 최 복 일 체 외 도 사 견 　　 능 령
生에 所作自在하야 摧伏一切外道邪見하고 能令

중생　　주실제중　　보시애어이행동사
衆生으로 住實諦中하며 布施愛語利行同事하나니

"보살이 이 지위에 머물러서는 흔히 도솔타천왕이
되며, 모든 중생들에게 하는 일이 자재하여 일체 외도
들의 삿된 소견을 굴복시키고, 중생들로 하여금 진실한
이치에 머물게 하며, 보시하고 좋은 말을 하고 이익한
행을 하고 일을 함께하느니라."

제5 난승지에 오르면 세속에서는 도솔천왕이 되어 모든
백성들을 잘 교화한다. 외도의 견해나 삿된 견해를 다 조복
받고 진실한 이치에 머물게 한다. 일상생활에서 정직하고 선
량한 것은 당연하며 보시와 애어와 이행과 동사를 실천하도
록 가르친다. 모든 국민이 이와 같이 한다면 그곳은 곧 불국
토일 것이다.

여시일체제소작업　　개불리염불　　불리염
如是一切諸所作業이 皆不離念佛하며 不離念

법       불리염승     내지불리염구족일체종    일
法하며 不離念僧하며 乃至不離念具足一切種과 一

체 지 지
切智智니라

　"이와 같이 하는 일마다 다 부처님을 생각함을 떠나
지 아니하고, 법을 생각함을 떠나지 아니하고, 스님들
을 생각함을 떠나지 아니하며, 내지 갖가지 지혜와 일
체 지혜의 지혜를 구족하려는 생각을 떠나지 아니하느
니라."

　설사 일상생활에서 정직하고 선량하며, 보시와 애어와 이
행과 동사를 실천하더라도 거기에 더하여 부처님과 부처님
의 가르침과 스님들을 믿고 따르면서 궁극에는 일체 지혜의
지혜를 구족하여야 한다. 그래야 진정한 불교 포교라고 할
수 있다. 정직하고 선량한 것만으로는 불교가 아니기 때문
이다.

<sup>부</sup> <sup>작</sup> <sup>시</sup> <sup>념</sup> <sup>아</sup> <sup>당</sup> <sup>어</sup> <sup>중</sup> <sup>생</sup> <sup>중</sup> <sup>위</sup> <sup>수</sup> <sup>위</sup> <sup>승</sup>
**復作是念**호대 **我當於衆生中**에 **爲首**며 **爲勝**이며

<sup>위</sup> <sup>수</sup> <sup>승</sup> <sup>위</sup> <sup>묘</sup> <sup>위</sup> <sup>미</sup> <sup>묘</sup> <sup>위</sup> <sup>상</sup> <sup>위</sup> <sup>무</sup> <sup>상</sup> <sup>내</sup>
**爲殊勝**이며 **爲妙**며 **爲微妙**며 **爲上**이며 **爲無上**이며 **乃**

<sup>지</sup> <sup>위</sup> <sup>일</sup> <sup>체</sup> <sup>지</sup> <sup>지</sup> <sup>의</sup> <sup>지</sup> <sup>자</sup>
**至爲一切智智依止者**라하나니라

"다시 또 생각하기를 '내가 중생들 가운데 앞이 되
고, 나은 이가 되고, 썩 나은 이가 되고, 묘하고, 미묘
하고, 위가 되고, 위없는 이가 되고, 내지 온갖 지혜의
지혜에 의지함이 되리라.' 라고 하느니라."

진정한 보살이라면 어디를 가나 어떤 사람들 가운데 있
거나 항상 앞이 되고, 나은 이가 되고, 썩 나은 이가 되고, 묘
하고, 미묘하고, 위가 되고, 위없는 이가 되고, 내지 온갖 지
혜의 지혜에 의지함이 될 것이다. 보살은 모든 분야에서 일
체 중생들의 선지식이 되고 인도자가 되어야 하기 때문이다.

차보살　약발근정진　　어일념경　득천억
此菩薩이 若發勤精進하면 於一念頃에 得千億

삼매　　견천억불　　지천억불신력　　능동천
三昧하야 見千億佛하고 知千億佛神力하야 能動千

억불세계　　내지시현천억신　　일일신　시천
億佛世界하며 乃至示現千億身호대 一一身에 示千

억보살　이위권속
億菩薩로 以爲眷屬이니라

"이 보살이 만약 부지런히 정진하면 잠깐 동안에 천
억 삼매를 얻고, 천억 부처님을 보고, 천억 부처님의 신
통력을 알고, 천억 부처님의 세계를 진동하며, 내지 천
억 몸을 나타내고, 낱낱 몸마다 천억 보살로 권속을 삼
느니라."

또 이 보살이 만약 부지런히 정진하면 잠깐 동안에 천억
삼매를 얻고, 천억 부처님을 친견하고, 천억 부처님의 신통
력을 알고, 천억 부처님의 세계를 진동하고, 천억 몸을 나타
내는 등의 공과가 있을 것이다.

### (3) 원력과 지혜의 공과

약 이 보 살 수 승 원 력 　　자 재 시 현 　　과 어 차
**若以菩薩殊勝願力**으로 **自在示現**인댄 **過於此**

수 　　백 겁 천 겁 　　내 지 백 천 억 나 유 타 겁 　　불 능
**數**하야 **百劫千劫**과 **乃至百千億那由他劫**에도 **不能**

수 지
**數知**니라

"만약 보살의 훌륭한 원력으로 자재하게 나타내면 이 수보다 지나가서 백 겁 천 겁과 내지 백천억 나유타 겁에도 세어서 알 수 없느니라."

만약 보살이 원력과 지혜가 더하여지면 그 공과는 앞에서 열거한 숫자보다 훨씬 더 지나가서 백 겁 천 겁과 내지 백천억 나유타 겁에도 세어서 알 수 없을 것이다. 제5 난승지를 설하는 장문은 이것으로 다하였다.

## 12) 게송으로 그 뜻을 거듭 설하다

### (1) 제5지에 들어가는 수행

이 시　금 강 장 보 살　욕 중 선 기 의　　이 설 송
**爾時**에 **金剛藏菩薩**이 **欲重宣其義**하사 **而說頌**

왈
**曰**

그때에 금강장보살이 그 뜻을 다시 펴려고 게송으로
말하였습니다.

보 살 사 지 이 청 정　　　사 유 삼 세 불 평 등
**菩薩四地已淸淨**에　　**思惟三世佛平等**과

계 심 제 의 도 비 도　　　여 시 관 찰 입 오 지
**戒心除疑道非道**하야　　**如是觀察入五地**로다

보살의 제4지가 이미 청정함에
삼세 부처님의 평등함과
계와 마음과 의심 없앰과 도와 비도를 생각해서
이와 같이 관찰하여 제5지에 들도다.

게송으로 제4지를 마치고 제5지에 들어가는 수행의 뜻을 거듭 설하였다. 장문에서는 "제5 난승지에 들어가려면 과거의 불법에 평등하고 청정한 마음과, 미래의 불법에 평등하고 청정한 마음과, 현재의 불법에 평등하고 청정한 마음과, 계율에 평등하고 청정한 마음과, 마음에 평등하고 청정한 마음과, 소견과 의혹을 끊는 데 평등하고 청정한 마음과, 도道와 도 아닌 것을 가리는 지혜에 평등하고 청정한 마음과, 수행하는 지혜의 견해에 평등하고 청정한 마음 등 열 가지 마음이 있어야 한다."라고 하였다.


염 처 위 궁 근 이 전
**念處爲弓根利箭**과

정 근 위 마 신 족 거
**正勤爲馬神足車**와

오 력 견 개 파 원 적
**五力堅鎧破怨敵**하고

용 건 불 퇴 입 오 지
**勇健不退入五地**로다

4념처가 활이 되고 5근은 화살이 되고
4정근은 말이 되고 4신족은 수레가 되어
5력의 갑옷으로 적敵을 파하며
용맹하게 앞으로 나아가서 제5지에 들도다.

또 제5 난승지에 들어가려면 제4지에서 닦았던 "4념처는 활이 되고, 5근은 화살이 되고, 4정근은 말이 되고, 4신족은 수레가 되어, 5력의 갑옷으로 적敵을 파하며 용맹하게 앞으로 나아가서 제5지에 들도다."라고 하였다. 제4지에서 닦은 37조도품을 곧장 활용하여 제5지에 이르게 되는 것을 밝힌 내용이다.

참 괴 위 의 각 분 만
**慚愧爲衣覺分鬘**과

정 계 위 향 선 도 향
**淨戒爲香禪塗香**과

지 혜 방 편 묘 장 엄
**智慧方便妙莊嚴**으로

입 총 지 림 삼 매 원
**入總持林三昧苑**하며

부끄러움은 옷이요 7각분은 꽃다발이며
계행은 향이 되고 선정은 바르는 향이며
지혜와 방편으로 묘하게 장엄하여
총지總持 숲과 삼매 동산에 들어가도다.

역시 앞에서 수행한 내용이 밑거름이 되고 훌륭한 장엄을 갖추어 제5지에 들어가는 것을 잘 밝혔다. 부끄러움과 7각분과 계행과 선정과 지혜와 총지總持 등이다.


여 의 위 족 정 념 경　　　　자 비 위 안 지 혜 아
**如意爲足正念頸**과　　**慈悲爲眼智慧牙**와

인 중 사 자 무 아 후　　　　파 번 뇌 원 입 오 지
**人中獅子無我吼**로　　**破煩惱怨入五地**로다

4 여의如意는 발이 되고 정념正念은 목이 되어

자비로 눈을 삼고 지혜는 치아가 되어

인간의 사자가 무아無我의 사자후로

번뇌의 원수 깨뜨리고 제5지에 들도다.


다시 또 사여의족을 거론하였다. 앞에서 말한 사신족이
다. 다시 설명하면 사여의분四如意分이라고도 한다. 여의如意
는 뜻대로 자유자재한 신통이며 족은 신통이 일어나는 각족
脚足이 되는 뜻으로 여의족이라 한다. 이 정定을 얻는 수단에
욕欲, 정진精進, 심心, 사유思惟의 넷이 있으므로 일어나는 원
인에 의하여 정定을 나눈다. 정념과 자비와 지혜와 무아의
사자후로 번뇌의 원수를 깨뜨리고 제5지에 들어간다. 제4지

에서 닦은 수행을 선정을 통해서 더욱 견고히 한다는 뜻으로 재차 거론하였다.

보살 주 차 제 오 지　　　　전 수 승 상 청 정 도
菩薩住此第五地에　　　　轉修勝上淸淨道하야

지 구 불 법 불 퇴 전　　　　사 념 자 비 무 염 권
志求佛法不退轉하고　　　思念慈悲無厭倦이로다

보살이 제5지에 머물러서는

매우 높고 청정한 도를 더욱 닦으며

불법을 구하느라 퇴전치 않고

자비를 생각하여 게으름 없도다.

적 집 복 지 승 공 덕　　　　정 근 방 편 관 상 지
積集福智勝功德하야　　　精勤方便觀上地하나니

불 력 소 가 구 념 혜
佛力所加具念慧로다

복과 지혜 좋은 공덕 쌓아 모으며

부지런함과 방편으로 더 위의 지위를 보고
부처님의 가피로 지혜를 구족하도다.

보살이 제5지에 머물러서는 제4지보다 높고 더 청정한 도
를 닦으며 불법을 구하는 뜻이 물러서지 않는다. 자비를 생
각하여 게으름이 없으며, 복과 지혜와 수승한 공덕을 쌓아
모으며, 또 부지런함과 방편으로 더 위의 지위를 보고, 부처
님의 가피로 지혜를 구족한다.


### (2) 온갖 진리를 여실히 알다

요 지 사 제 개 여 실
**了知四諦皆如實**하며

선 지 세 제 승 의 제
**善知世諦勝義諦**와

상 제 차 별 성 립 제
**相諦差別成立諦**와

사 제 생 진 급 도 제
**事諦生盡及道諦**와

내 지 여 래 무 애 제
**乃至如來無礙諦**하나니라

사제四諦의 이치를 사실과 같이 분명히 알고
세속 이치[俗諦]와 수승한 뜻의 이치[勝義諦]와

형상의 이치와 차별하고 성립하는 이치와

사물 이치와 생기고 다하는 이치와 도에 드는 이치와

여래의 걸림 없는 이치를 다 아느니라.


사제와 세속의 이치와 수승한 뜻의 이치와 형상의 이치와

차별한 이치와 성립하는 이치와 사물의 이치와 생기는 이치

와 다하는 이치와 도에 드는 이치와 여래의 걸림 없는 이치를

다 안다.


여 시 관 제 수 미 묘          미 득 무 애 승 해 탈
**如是觀諦雖微妙**나        **未得無礙勝解脫**이라

이 차 능 생 대 공 덕          시 고 초 과 세 지 혜
**以此能生大功德**일새      **是故超過世智慧**로다

이런 이치를 관찰함이 비록 미묘하나

아직은 걸림 없는 좋은 해탈 얻지 못하니

이것이 큰 공덕을 능히 내므로

세간의 모든 지혜 뛰어넘도다.

불교 공부의 훌륭한 점은 존재의 깊은 이치를 먼저 깨달으신 분들의 가르침을 듣고 깊이 사유하고 관찰하여 그 미묘함을 느끼고 누리는 데 있다. 지금의 안목이 아직은 걸림 없는 수승한 해탈을 얻지 못했다 하더라도 이것만으로도 큰 공덕이 있고 삶의 차원이 달라진다. 그러므로 세간의 모든 지혜를 뛰어넘는다.

### (3) 중생을 위하여 지혜를 구하다

기 관 제 이 지 유 위
**旣觀諦已知有爲**의      체 성 허 위 무 견 실
**體性虛僞無堅實**하고

득 불 자 민 광 명 분
**得佛慈愍光明分**하야      위 리 중 생 구 불 지
**爲利衆生求佛智**로다

이치를 관찰하니 유위有爲의 법은
체성이 허망하여 견실하지 못함을 알고
부처님의 자비한 광명을 얻어
중생을 이익하게 하려 부처님 지혜 구하도다.

세상의 이치를 사유하고 관찰해 보면 경전의 말씀과 같

이 일체 유위의 법이란 꿈과 같고 환영과 같고 물거품과 같고 아침 이슬과 같고 번갯불과 같아서 허망하다. 그 자체가 견고한 것은 어디에도 없다. 그것을 아는 사람들은 부처님이 자비로 중생들을 일깨워 주신 존재의 실다운 이치의 가르침을 깊이 공부하여 자신도 깨닫고 다른 이도 깨닫게 해서 일체 중생이 다 같이 부처님이 증득하신 지혜를 얻도록 서원행을 널리 펼쳐야 한다.


관 제 유 위 선 후 제
**觀諸有爲先後際**에
무 명 흑 암 애 전 박
**無明黑闇愛纏縛**하야

유 전 지 회 고 취 중
**流轉遲廻苦聚中**이나
무 아 무 인 무 수 명
**無我無人無壽命**이로다

모든 유위법의 앞뒤를 보니
무명의 어두움과 애욕에 속박되어
고통바다 헤매면서 오고 또 가고
나도 없고 남도 없고 수명도 없도다.


일체 유위의 법은 과거나 현재나 미래의 어디를 보아도

중생들이 무명의 어두움과 애욕에 속박되어 고통의 바다에서 헤매고 있다. 실로 '나'라고 하나 '나'는 어디에도 없으며 '남'이라고 하나 그 '남'이라는 것도 어디에도 없다. 수명도 또한 그와 같다. 그러므로 나와 남에 집착하여 고통에 허덕일 일이 아니다.

애 취 위 인 수 래 고
**愛取爲因受來苦**여

욕 구 변 제 불 가 득
**欲求邊際不可得**이라

미 망 표 류 무 반 기
**迷妄漂流無返期**하니

차 등 가 민 아 응 도
**此等可愍我應度**로다

애착과 취함이 원인이 되어 고통받나니
끝간 데를 구하여도 찾을 수 없고
미망에 표류하여 돌아올 기약 없으매
불쌍한 이런 이들을 내가 응당 제도하리라.


사람은 누구나 세상에 와서 눈을 뜨고 귀를 열고 보니 온갖 것이 "있다. 좋다. 취하련다."라는 과정을 거치는 일이 원인이 되어 무수한 고통을 겪게 된다. 이 일이 끝도 없고 다함

도 없다. 참으로 미망에 표류하여 돌아올 기약이 없다. 중생들이 이와 같아서 보살은 원을 세워 불쌍한 이들을 내가 응당 제도하리라 한다.


온 택 계 사 제 견 전      심 화 맹 치 치 암 중
蘊宅界蛇諸見箭이여      心火猛熾癡闇重하며

애 하 표 전 불 가 관      고 해 윤 서 궐 명 도
愛河漂轉不暇觀하며      苦海淪湑闕明導로다

5온의 집과 18계의 독사와 소견의 화살이
불타는 마음 맹렬하고 어리석음도 겹겹하며
애욕의 강에 휩쓸려서 돌아볼 겨를 없고
고통바다 헤매는데 길잡이 없도다.


지수화풍이라는 네 가지 요소로 된 이 몸뚱이와 수상행식이라는 생각과 감정과 인식 작용을 마음이라고 여겨서 망령되게 보배로 삼는다. 그러나 우리가 알고 느끼는 5온과 18계에 대한 집착은 실은 사람의 생명을 해치는 독사와 같은 것이다. 그와 같은 소견은 또한 독한 활과 같아서 사람

의 생명을 앗아 간다. 불타는 마음은 맹렬하고 어리석음도 겹겹이어서 애욕의 강에 휩쓸려서 돌아볼 겨를이 없고, 고통의 바다를 헤매는데 길잡이도 없다. 이것이 중생들 삶의 현실이다.

여 시 지 이 근 정 진　　　　소 작 개 위 도 중 생
如是知已勤精進하니　　所作皆爲度衆生이라

이와 같이 알고 나서 부지런히 정진하여
짓는 일이 모두 다 중생을 건지려 하도다.

몇 번째 지위의 보살이든 보살이 하는 일은 일체가 중생을 제도하기 위한 것이라는 것을 밝혔다.

명 위 유 념 유 혜 자　　　　내 지 각 해 방 편 자
名爲有念有慧者며　　乃至覺解方便者로다

생각이 있고 지혜 있는 이라 이름하며
깨달은 이며 방편이 있는 이라 하도다.

세상에 살면서 "생각이 있는 사람이다. 지혜가 있는 사람이다. 깨달은 이다. 중생을 제도하는 방편이 있는 사람이다."라는 말을 듣는다면 그는 성공한 사람이라고 할 수 있을 것이다.

습 행 복 지 무 염 족
**習行福智無厭足**하며

공 경 다 문 불 피 권
**恭敬多聞不疲倦**하며

국 토 상 호 개 장 엄
**國土相好皆莊嚴**하니

여 시 일 체 위 중 생
**如是一切爲衆生**이로다

복과 지혜 닦아서 만족 모르며
공경하고 많이 알아 피곤하지 않고
국토거나 상호를 모두 장엄해
이와 같은 모든 것이 중생을 위하도다.

보살이 복을 닦고 지혜를 연마하는 데는 끝이 없다. 만족도 없고 싫어함도 없다. 사람을 공경하고 존중하며 듣고 배우기를 많이 하여 피곤해하지도 않는다. 국토도 장엄하고 상호도 장엄하여 중생을 이롭게 한다.

## (4) 여러 가지 세상 법을 다 알다

위 욕 교 화 제 세 간
**爲欲敎化諸世間**하야

선 지 서 수 인 등 법
**善知書數印等法**하며

역 부 선 해 제 방 약
**亦復善解諸方藥**하야

요 치 중 병 실 령 유
**療治衆病悉令愈**로다

세간의 모든 사람 교화하려고

글씨와 인장과 산수를 알며

약방문과 여러 약을 모두 잘 알아

모든 병을 치료하여 쾌차하게 하도다.


보살은 본업은 아니지만 세상 사람들을 교화하려고 온
갖 재능을 다 발휘한다. 글씨나 그림이나 인장이나 전각이
나 목각이나 다도나 노래를 잘 하고 약방문과 가지각색 온
갖 약을 모두 잘 안다. 일체 중생의 이익과 행복을 위한 목
적이라면 방편으로 활용할 수도 있다.


문 사 가 무 개 교 묘
**文辭歌舞皆巧妙**하며

궁 택 원 지 실 안 은
**宮宅園池悉安隱**하며

보 장 비 일 함 시 인
**寶藏非一咸示人**하니

이 익 무 량 중 생 고
**利益無量衆生故**로다

글 잘하고 노래하고 춤도 잘 추고
집 짓는 일 공원 설계 모두 잘하며
땅에 묻힌 보배도 다 내보여서
한량없는 중생을 이익하게 하도다.

시나 소설이나 수필을 짓고 노래나 춤까지도 다 한다.
심지어 집을 짓고 도량이나 공원을 설계하고 땅속에 묻힌 보
물도 알아낸다. 우리 문화재 찾기 운동을 펼쳐서 미국과 일
본에 가 있는 문화재들을 찾아오는 일은 참으로 훌륭한 일
이다. 이러한 일도 국민을 위하고 중생을 이익하게 하는 목
적이라면 훌륭한 방편이다.

일 월 성 수 지 진 동
**日月星宿地震動**과

내 지 신 상 역 관 찰
**乃至身相亦觀察**하며

사 선 무 색 급 신 통
**四禪無色及神通**을

위 익 세 간 개 현 시
**爲益世間皆顯示**로다

일월성신 천문 보고 지진도 알고
관상도 잘 보고 사주도 알아
사선정과 무색계와 모든 신통을
세간을 이익하게 하려고 모두 다 나타내 보이도다.

해나 달이나 별이나 온갖 천문을 보고 지진도 알아내고
화산 폭발도 예측하여 중생들의 피해를 예방한다면 그것도
또한 훌륭한 방편이다.


## (5) 제5지의 공과

지 자 주 차 난 승 지
**智者住此難勝地**에

공 나 유 불 역 청 법
**供那由佛亦聽法**하니

여 이 묘 보 마 진 금
**如以妙寶磨眞金**하야

소 유 선 근 전 명 정
**所有善根轉明淨**이로다

지혜로운 이가 이 난승지에 머물러서
나유타 부처님께 공양하며 법을 듣나니
미묘한 보배로써 진금을 마찰하듯
모든 선근 점점 더 밝고 청정하도다.

제5 난승지에 머문 공과를 게송으로 밝혔다. 나유타 부처님께 공양하고 법문을 들으니 그 수행이 마치 미묘한 보배로 진금을 단련하듯 점점 더 밝고 청정해진다.

비 여 성 수 재 허 공
**譬如星宿在虛空**에

풍 력 소 지 무 손 동
**風力所持無損動**하며

역 여 연 화 불 착 수
**亦如蓮華不着水**하야

여 시 대 사 행 어 세
**如是大士行於世**로다

비유하면 별들이 허공에 있어
바람으로 유지되고 변동 없는 듯하고
연꽃에 물방울이 붙지 않듯이 하여
보살이 이와 같이 세상에서 살도다.

보살이 온갖 보살행으로 세상에 노니는 것이 마치 별들이 허공에 떠서 걸림 없는 것과 같으며 연꽃이 흙탕물에서 꽃을 피우나 흙탕물이 한 방울도 묻지 않는 것과 같다.

주 차 다 작 도 솔 왕
**住此多作兜率王**하야

능 최 이 도 제 사 견
**能摧異道諸邪見**하고

소 수 제 선 위 불 지
**所修諸善爲佛智**라

원 득 십 력 구 중 생
**願得十力救衆生**이로다

제5지에서 흔하게는 도솔천왕이 되어

외도들의 삿된 소견 꺾어 버리고

부처님 지혜 위하여 선근을 닦으며

열 가지 힘을 얻어 중생 구호 원하도다.


보살이 제5지에 머물면 세속에서는 도솔천왕이 되어 모든 백성들로 하여금 외도들의 삿된 견해를 다 꺾고 바른 견해와 깨달음의 지혜를 수행하도록 가르친다. 나아가서는 부처님이 얻으신 열 가지 힘을 얻어 다시 또 일체 중생들을 제도하도록 가르친다. 그 자리에 있으면 그 일을 할 수 있듯이 한 나라의 왕이 되면 왕의 능력으로 온 국민을 잘 가르칠 수가 있다.

피 부 수 행 대 정 진
**彼復修行大精進**하면

즉 시 공 양 천 억 불
**卽時供養千億佛**하며

득 정 동 찰 역 부 연
**得定動刹亦復然**이어니와

원 력 소 작 과 어 시
**願力所作過於是**로다

그는 또 수행하며 크게 정진해

천억 부처님을 뵈옵고 공양하오며

얻은 삼매와 세계 진동이 모두가 천억이라

원력으로 지을 적엔 이보다 더 지나가도다.


제5지에 머문 보살은 또다시 수행하며 크게 정진하여 천억 부처님을 친견하고 공양하며, 천억 삼매를 얻고 천억 세계를 진동한다. 그와 같은 큰 영향을 미칠 수 있게 된다.


## (6) 제5지를 다 맺다

여 시 제 오 난 승 지
**如是第五難勝地**의

인 중 최 상 진 실 도
**人中最上眞實道**를

아 이 종 종 방 편 력
**我以種種方便力**으로

위 제 불 자 선 설 경
**爲諸佛子宣說竟**이로다

이와 같은 다섯째의 난승지 보살
인간에서 가장 높은 진실한 도를
제가 지금 여러 가지 방편으로써
모든 불자 위하여서 설하였노라.

인간 세상에서는 가장 높은 진실한 도라는 제5 난승지의
보살행을 다 설하여 마쳤다.

십지품 3 끝

〈제36권 끝〉

# 華嚴經 構成表

| 分次 | 周次 | | 內容 | 品數 | 會次 |
|---|---|---|---|---|---|
| 舉果勸樂生信分<br>(信) | 所信因果周 | | 如來依正 | 世主妙嚴品 第一<br>如來現相品 第二<br>普賢三昧品 第三<br>世界成就品 第四<br>華藏世界品 第五<br>毘盧遮那品 第六 | 初會 |
| 修因契果生解分<br>(解) | 差別因果周 | 差別因 | 十信 | 如來名號品 第七<br>四聖諦品 第八<br>光明覺品 第九<br>菩薩問明品 第十<br>淨行品 第十一<br>賢首品 第十二 | 二會 |
| | | | 十住 | 昇須彌山頂品 第十三<br>須彌頂上偈讚品 第十四<br>十住品 第十五<br>梵行品 第十六<br>初發心功德品 第十七<br>明法品 第十八 | 三會 |
| | | | 十行 | 昇夜摩天宮品 第十九<br>夜摩天宮偈讚品 第二十<br>十行品 第二十一<br>十無盡藏品 第二十二 | 四會 |
| | | | 十迴向 | 昇兜率天宮品 第二十三<br>兜率宮中偈讚品 第二十四<br>十迴向品 第二十五 | 五會 |
| | | | 十地 | 十地品 第二十六 | 六會 |
| | | | 等覺 | 十定品 第二十七<br>十通品 第二十八<br>十忍品 第二十九<br>阿僧祇品 第三十<br>如來壽量品 第三十一<br>菩薩住處品 第三十二 | 七會 |
| | | 差別果 | 妙覺 | 佛不思議法品 第三十三<br>如來十身相海品 第三十四<br>如來隨好光明功德品 第三十五 | |
| | 平等因果周 | 平等因 | | 普賢行品 第三十六 | |
| | | 平等果 | | 如來出現品 第三十七 | |
| 托法進修成行分<br>(行) | 成行因果周 | | 二千行門 | 離世間品 第三十八 | 八會 |
| 依人證入成德分<br>(證) | 證入因果周 | | 證果法門 | 入法界品 第三十九 | 九會 |

（資料：文殊經典研究會）

| 會場 | 放光別 | 會主 | 入定別 | 說法別舉 |
|---|---|---|---|---|
| 菩提場 | 遮那放齒光眉間光 | 普賢菩薩為會主 | 入毘盧藏身三昧 | 如來依正法 |
| 普光明殿 | 世尊放兩足輪光 | 文殊菩薩為會主 | 此會不入定・信未入位故 | 十信法 |
| 忉利天宮 | 世尊放兩足指光 | 法慧菩薩為會主 | 入無量方便三昧 | 十住法門 |
| 夜摩天宮 | 如來放兩足趺光 | 功德林菩薩為會主 | 入菩薩善思惟三昧 | 十行法門 |
| 兜率天宮 | 如來放兩膝輪光 | 金剛幢菩薩為會主 | 入菩薩智光三昧 | 十廻向法門 |
| 他化天宮 | 如來放眉間毫相光 | 金剛藏菩薩為會主 | 入菩薩大智慧光明三昧 | 十地法門 |
| 再會普光明殿 | 如來放眉間口光 | 如來為會主 | 入剎那際三昧 | 等妙覺法門 |
| 三會普光明殿 | 此會佛不放光・表行依解法依解光故 | 普賢菩薩為會主 | 入佛華莊嚴三昧 | 二千行門 |
| 祇陀園林 | 放眉間白毫光 | 如來善友為會主 | 入獅子頻申三昧 | 果法門 |

如天 無比

1943년 영덕에서 출생하였다. 1958년 출가하여 덕흥사, 불국사, 범어사를 거쳐 1964년 해인사 강원을 졸업하고 동국역경연수원에서 수학하였다. 10여 년 선원생활을 하고 1976년 탄허 스님에게 화엄경을 수학하고 전법, 이후 통도사 강주, 범어사 강주, 은해사 승가대학원장, 대한불교조계종 교육원장, 동국역경원장, 동화사 한문불전승가대학원장 등을 역임하였다.

2018년 5월에는 수행력과 지도력을 갖춘 승랍 40년 이상 되는 스님에게 품서되는 대종사 법계를 받았다. 현재 부산 문수선원 문수경전연구회에서 150여 명의 스님과 300여 명의 재가 신도들에게 화엄경을 강의하고 있다. 또한 다음 카페 '염화실'(http://cafe.daum.net/yumhwasil)을 통해 '모든 사람을 부처님으로 받들어 섬김으로써 이 땅에 평화와 행복을 가져오게 한다.'는 인불사상人佛思想을 펼치고 있다.

저서로 『무비 스님의 유마경 강설』(전 3권), 『대방광불화엄경 실마리』, 『무비 스님의 왕복서 강설』, 『무비 스님이 풀어 쓴 김시습의 법성게 선해』, 『법화경 법문』, 『신금강경 강의』, 『직지 강설』(전 2권), 『법화경 강의』(전 2권), 『신심명 강의』, 『임제록 강설』, 『대승찬 강설』, 『당신은 부처님』, 『사람이 부처님이다』, 『이것이 간화선이다』, 『무비 스님과 함께하는 불교공부』, 『무비 스님의 증도가 강의』, 『일곱 번의 작별인사』, 무비 스님이 가려 뽑은 명구 100선 시리즈(전 4권) 등이 있고 편찬하고 번역한 책으로 『화엄경(한글)』(전 10권), 『화엄경(한문)』(전 4권), 『금강경 오가해』 등이 있다.

# 대방광불화엄경 강설 제36권

| 초판 1쇄 발행_ 2016년 2월 22일
| 초판 3쇄 발행_ 2021년 5월 19일

| 지은이_ 여천 무비(如天 無比)
| 펴낸이_ 오세룡
| 편집_ 박성화 손미숙 유나리
| 기획_ 최은영 곽은영
| 디자인_ 고혜정 김효선 장혜정
| 홍보 마케팅_ 이주하
| 펴낸곳_ 담앤북스
　　　　서울특별시 종로구 새문안로3길 23 경희궁의 아침 4단지 805호
　　　　대표전화 02)765-1251 전송 02)764-1251 전자우편damnbooks@hanmail.net
　　　　출판등록 제300-2011-115호
| ISBN　978-89-98946-84-5　04220

정가 14,000원